为何爱会伤人

[珍藏版]

著名心理学家
武志红——— 著

北京联合出版公司
Beijing United Publishing Co.,Ltd.

图书在版编目（CIP）数据

为何爱会伤人：珍藏版 / 武志红著 .—北京：北京联合出版公司，2017.1（2023.10重印）

ISBN 978-7-5502-8301-5

Ⅰ.①为… Ⅱ.①武… Ⅲ.①恋爱心理学—通俗读物 Ⅳ.① C913.1-49

中国版本图书馆 CIP 数据核字（2016）第 185306 号

为何爱会伤人（珍藏版）

作　　者：武志红
出 品 人：赵红仕
选题策划：北京时代光华图书有限公司
责任编辑：李　红　夏应鹏
特约编辑：李艳玲
封面设计：沐希设计
版式设计：郝薇薇

北京联合出版公司出版
（北京市西城区德外大街 83 号楼 9 层　100088）
北京时代光华图书有限公司发行
文畅阁印刷有限公司印刷　　　新华书店经销
字数 252 千字　　787 毫米 ×1092 毫米　　1/16　　18 印张
2017 年 1 月第 1 版　　2023 年 10 月第 9 次印刷
ISBN 978-7-5502-8301-5
定价：45.00 元

版权所有，侵权必究
未经书面许可，不得以任何方式转载、复制、翻印本书部分或全部内容。
本书若有质量问题，请与本公司图书销售中心联系调换。电话：（010）82894445

目 录
contents

序　从轮回到孵化器 /05

Part ❶　爱情，是一种轮回

迷恋：源自幻象的爱 /003

一见钟情或是致命诱惑 /013

命运＝心理的强迫性重复 /023

七年之痒：寻找真爱的契机 /028

警惕爱情的七个教条 /037

最迷人的爱——绝望的爱 /048

每一次缘分都是一个功课 /057

Part 2 难以避免的爱情战争

Kim 的拯救情结之真相 /067

要激情，还是要安全感 /071

没有安全感毁了张柏芝的婚姻 /075

支配与服从双重奏（一）/081

支配与服从双重奏（二）/091

夫妻吵架：隐秘的权力斗争 / 100

别拿自己的尺子量对方 / 107

放下亲密关系中的挡箭牌 / 119

警惕你身边的隐形攻击 / 126

慎防亲密关系中的洗脑 / 134

恋爱，是为父母而谈吗 / 142

四年没性爱，到底错在谁 / 149

Part 3　任何选择都有道理

谁是你人格的对立面 / 159
谁是你的第三者 / 167
我杀死了一个 23 岁女孩 / 170
忠实男友屡有新欢 / 173
她们为何偏偏做第三者 / 180
她们为何非杀人犯不嫁 / 191
要求恋人鼓励我过分吗 / 196
万里之外的爱 / 202
依赖与反依赖的双重奏 / 205

Part 4　走向真爱

男人是个什么东西 / 215
女人是个什么东西 / 226
女人，破解你的幸福密码 / 236
重新发现你的父亲 / 242
发现爱的证明 / 252
给到手的幸福盖个戳 / 255
放下爱情的神话 / 262
将你的心打开 / 268

为何爱会伤人〔珍藏版〕

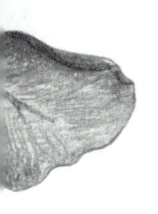

序

preface | 序

从轮回到孵化器

在广州日报社做国际新闻编辑的时候，我干过一件很八卦的事。

当时，美国一家网站找到了美国前总统克林顿及其几十个情人的照片，以及他们之间的一些情话，我将这些照片与部分情话拼成了一个有趣的版面。不料，当天值班总编说，"太低级趣味了，撤了重做"。

那时，我还花了些时间消化情绪。后来想，这样的版面，真的是低级趣味。

不过，那小半天的工作没白费，因为我发现，克林顿的这几十个情人，仅从相貌上，可以分成两类：一类很像希拉里，一类很像白宫实习生莱温斯基。

这个发现，加深了我一直就有的观念——爱情，是轮回。

克林顿的轮回有几层含义：

克林顿对女人的趣味是很狭窄的，他不过就是在"希拉里"和"莱温斯基"之间不断摆动而已。我因而发明了一个词——克林顿钟摆。

希拉里是女强人，克林顿的妈妈芭芭拉也是女强人，所以克林顿找希拉里一类的女人，是在不断重复构建他与妈妈的关系。

莱温斯基是"傻女孩"，找"傻女孩"是对女强人——妻子与妈妈的背叛。可以说，克林顿是一次又一次想逃离妻子与妈妈的世界。

为什么找希拉里？为什么找莱温斯基？

我的一个没怎么学过心理学却是这方面天才的朋友说，恋爱的感觉，无非是两句话：重温童年的美好，修正童年的错误。

克林顿找希拉里，就是重温女强人——妈妈芭芭拉带给自己的美好。她们都会尽心尽力地照顾克林顿。有这样一个说法，希拉里就是克林顿的军师兼 CEO，她不仅出了很多主意，还帮克林顿做了无数事情。有这样一个老婆，很得力。

但女强人控制欲太强，相处久了，会有窒息感。于是，克林顿想逃离。既然像妈妈一样的女强人不是爱情的答案，那么与妈妈相反的女人该是爱情的答案了吧。

所以，克林顿去找莱温斯基。

像莱温斯基这样的"傻女孩"会带给克林顿不同的美好感。她会崇拜他，将他视为世界上最伟大的男人。

然而，"傻女孩"也会带给一个男人痛苦，她会过度依赖他，而且太傻的话，会显得很没意思。

既然"傻女孩"不是爱情的答案，与"傻女孩"相反的女强人该是答案了吧。于是，当克林顿厌倦了"莱温斯基"时，他的钟摆又会摆向"希拉里"一边。

如果你认为，存在着"正确先生"或"正确小姐"，同时你也极少内观自身，那么，你可能也会陷入"克林顿钟摆"的境地。

不断地在两类截然不同的异性间摆动，是爱情轮回的一种常见方式。比这个方式更为常见的，是不断地找同一类异性。

譬如说有一个女人，她找的第一任老公很粗暴，找的第二任老公也很粗暴。第二次离婚后，她发誓不再结婚，因为"男人都不是好东西"。

一个从不和女人吵架的男人一直苦苦追求她，最后，她第三次结婚了。婚后两个星期，她又被打了。

如果暴力男不是"正确先生"，那非暴力男至少正确性该高很多了吧。但她却成功地将一个"从来不和女人吵架"的好男人变成了"坏东西"。

所以说，爱情的正确与否，关键不在于找到"正确"的人，而在于你能否将自己的内心修炼成"正确"的。

认识你的内心，这是我写的十多本心理学专著的核心点。

特别需要强调的是，恋爱关系是我们童年时与父母及其他重要亲人的关系模式的再现。

也就是说，对于所有人而言，恋爱都是童年关系的一次轮回。

轮回，是为了什么？

有两层含义：

重温童年的美好，修正童年的错误。

修炼你的心。

第一层含义是我们轮回的动力所在，说严重点，就是佛教所说的贪与嗔。"啊，童年时的某些东西太美好了，我还要！""啊，童年时他们怎么可以这样对我，我一定要让他们认识到并向我承认，他们是错的，他们要向我道歉！"

在与父母或其他养育者的关系中，我们绝对处于弱势，所以"修正童年的错误"不能很好地展现出来，但到了恋爱关系中，恋爱双方基本上是势均力敌的，于是可以大玩特玩这个游戏——我称其为"改造梦想"。

改造梦想，是恋爱关系痛点的根本所在。你明明和这样一个人在一起，却非要他变成另一个你想象中的人。甚至，你根本就看不到这个人的真实存在，而是无比幸福或无比痛苦地将你心中的"好东西"与"坏东西"投射到对方身上。你是在与一个幻想中的人相爱。

更重要的是，没有谁愿意被改造，所以，恋人势必和你作斗争，这就造成了种种婚恋冲突。

要化解这些冲突，你就必须看清楚自己的幻觉，并看到对方的真实存在，学习与对方的真实存在相处。

并且，**不要将你人生的答案、你幸与不幸的原因都归结到对方的正确或错误上，而是要归结到另一点——你的内心。**

对此，我的一位咨询者说得很好："婚姻，找的是伴儿，不是梦。"

一旦你作如是想，亲密关系就不再是单纯的轮回，而会成为一个孵化器，孵化你的心，将你的心从孩子状态升级到成人状态。

有些人很容易结束恋爱关系，如果他们成为咨询者，也很容易结束咨询关系。碰到这样的咨询者，我会给他们下套儿，在咨询刚开始的时候就对他们说："就试试在我和你的咨询关系中解决问题，不要轻易逃跑，除非你发现，我有职业道德问题或职业能力根本不行。"

婚姻也是一样的，如果不是对方有很糟糕的问题，如滥交，如暴力，或者其他你认为的原则性问题，那么，请给对方以宽容，请给你们的关系以耐心，不要轻易逃走，就在这个恋爱关系中修炼你的心。

一旦大家作如是想，我们的离婚率会急剧下降。我相信，90%的离婚是不必发生的。

一段完整的感情会有三个阶段：

1 + 1 = 1。

1 + 1 = 0。

1 + 1 = 2。

第一个阶段，你就是我，我就是你，我们两人宛如一体。

第二个阶段，你是我人生痛苦的根本，我是你人生痛苦的所在，我们两个人怎么会走到一起？天大的错误！

第三个阶段，我是我，你是你，但我们在一起，并且真的感觉到我应该和你在一起。

通常我们所颂扬的爱情，其实大多只是处在第一阶段而已。这一阶段，即我所说的幻想阶段。我将完美另一半的形象投射到你身上，你也如此，我们觉得美好极了。然而，一个事实却是，其实你没有看到我，我也不了解你。

第二个阶段，是幻想破灭的阶段：终于一点点地看到了真实的你，但真实的你与想象中的你怎么差别那么大？接受不了，于是战争，希望通过战争再要回那个想象中的人。

第三个阶段，接受了那个真实的人，终于感觉到，以自己的真实存在，与对方的真实存在相处而生出的爱，才是最踏实、最真切的爱。

希望你的爱情能走到第三个阶段，那时你将发现，爱情是一次重生。

Part 1

爱情，是一种轮回

为何爱会伤人〔珍藏版〕

迷恋：源自幻象的爱

迷恋一个人到如痴如醉时，男子会对女子说，你是女神；女子则会对男子说，你是主宰。

假若你被迷恋，你是否愿做女神？抑或，你是否愿做主宰？

或许，很多人的答案是肯定的，因为被迷恋并被奉为女神或主宰，满足了我们自恋的需要，容易让我们飘飘然。

不过，真正有智慧的人，不愿意被奉为神。不管对方如何迷恋自己，如何将自己置于至高无上的位置，他仍然知道，自己只是一个人，一个有血有肉有优点有缺点的具体的人。

并且，这样的人还知道，迷恋者迷恋的不是真实的自己，而是迷恋者投射到自己身上的一个幻象。

没有人愿意做另一个人的幻象。只是，很多人不懂这一点，发现自己被迷恋时就沾沾自喜，从而乐于被迷恋，甚至制造幻象，让对方迷恋。

拒绝做另一个人痴爱的幻象，这或许是传奇才女林徽因拒绝徐志摩痴爱的原因。

胡适曾说："志摩的人生观是一种单纯信仰，这里面有三个词：一个是爱，一个是自由，一个是美。"

或许，林徽因就是徐志摩心目中爱、自由和美的完美女神，他因而痴迷。然而，他痴迷的这个所谓的"女神化身"，和林徽因这个具体的人，是什么样的关系？

这一点，林徽因给出了答案。她对儿子梁从诫说："徐志摩当时爱的并不是真正的我，而是他用诗人的浪漫情绪想象出来的林徽因，可我其实并不是他心目中所想的那样一个人。"

这句话的意思或许是说，徐志摩勾勒出了一个完美的女性形象，并把它套在了林徽因的身上，然后去爱。徐志摩爱的只是他套在林徽因身上的那个完美女性的幻象，而不是林徽因自己。

在搜狐某论坛上，一个男子发了一封信——他追求过的一个女孩在17岁时写给他的分手信。这封信中的一段文字，更细致地诠释了这个意思。

> 也有时想，我之于你是什么呢？或许真的便如徐志摩眼中的林徽因，虽唯美得脱离实际，但只是诗人幻梦中一个无瑕的影子。自己塑造的，只有自己能看见。
>
> 我想，你所恋恋不舍的，也只是李青莲的歌吟，姜白石的词韵，或者小杜、柳七的文采风流吧；是线装的唐宋诗词，绢本的工笔折枝花卉，扬州城中的玉箫明月，秦淮河上的烟波画船，秋夜落在苏小小坟头的半丝冷雨，岁岁年年锁入燕子楼的一缕香魂……
>
> 只不过不是我，一个活在2003年的、真实并且不可爱的女孩。

不仅被奉为女神，而且得到如徐志摩这般的男子的钟情和无比温柔的爱，难道不好吗？

林徽因的回答是，她不想被当作女神，不想被夸大，也不想被否定，她只想做她自己。

她说："据实说，我也不会以诗人的美谀为荣，也不会以被人恋爱为辱。我永是我，被诗人恭维了也不会增美增能，有过一段不幸的曲折的旧历史，也没有什么可羞惭。"

而那个女孩则对追求她的男子说：

> 你对我的了解有多少呢？
>
> 我的容貌、我的性情、我的思想、我曾经与将来的生活，一切你都看不到。
>
> 我在你心中无非一具才华做成的躯壳，没有灵魂，没有心。

这个女孩，和林徽因的答案是一样的。

这正是她们拒绝痴迷自己的男子的原因。因为，痴迷一旦发生，迷恋者看到的，只是自己投射到被迷恋者身上的幻象，而看不到被迷恋者真实的存在。

譬如，徐志摩看到的，是"爱、自由和美"的女神化身。搜狐某论坛上的那位男子，看到的是"灵气、美丽和善良"的理想女性的化身，是那个女孩身上看似无与伦比的才华，但他却看不到她的容貌、她的性情、她的思想、她曾经与将来的生活……

这种迷恋，不是真爱

著名哲学家马丁·布伯认为，关系分两种：我与它，我与你。当我们将一个人当作实现自己目标的工具时，那么，无论这目标看起来多么崇高、伟大和迷人，这种关系都是"我与它"的关系。在这种关系里，"我"是唯一的主体，而"它"则是"我"为了实现自己目标所需要的客体。或者，用存在主义哲学的话说，我是主体，而对方则成了"他者"。

试想，那个将陪伴你一生的人，将你当作客体，将你当作他者，你愿意吗？

或许，很多人会愿意，因为他们会想，只要和自己钟情的人生活在一起，就足够了。但是，那些有人生智慧的人，会拒绝这样的亲密关系。

也正如此，林徽因最后还是选择了与她青梅竹马的梁思成。甚至，都谈不上选择梁思成，或许林徽因的心中，都未曾因徐志摩的痴恋而动摇过对梁思成的爱。她后来的确动摇过，但不是因为徐志摩，而是因为北京大学教授、著名的哲学家金岳霖。

而前文提到的那个女孩则在给痴恋她的男子的信中，诠释了她认为的爱情。她写道："找一个相守一生的人，未必要完美，甚至未必是至爱，只要同路就好，可以结伴而行，不至一生寂寞，足够了。"

不要以为，这一点很容易做到。实际上，这恰恰是最难的。

因为，这个结伴而行的人，必定要让你感觉到默契，他必须懂你，你也必须懂他，你们两个都愿意相互陪伴，能够相互安慰彼此的脆弱。因为，生命中偶然的因素太多，我们柔弱的心灵很容易受伤，很容易破碎，这个时候，一个优秀的异性未必愿意也未必能安慰你的痛苦，而那个懂你的伴侣，却能做到这一点。

其实，这个简单的道理，我们都知道，只是会糊涂，会有意看不清。我们常说，理解万岁，这恰恰是因为理解太难。同时，我们却可以看到，迷恋很容易发生，激情式的爱情似乎无处不在。

究竟哪一个更难得呢？

显然，是理解难得，是找到一个能安慰自己痛苦的结伴而行的伴侣难得。相比之下，迷恋倒容易产生，优秀的异性也很容易碰到。

那么，一个关键问题就产生了：我们为什么那么容易迷恋？

迷恋，源自爱的缺失

解答迷恋这个外在的关系，要回到我们内心的一个关系上，即我们的理想异性与现实异性的关系。

每个人心目中都有一个理想异性的模型。同时，我们还有大量的关于现实异性的信息。现实异性，主要来自我们的异性父母或重要的异性抚养者。理想异性，则源自缺失和幻想。

所谓缺失，也就是说，假若生活中那个重要的异性——异性父母或其他重要的异性抚养者——让我们不满，那我们势必会勾勒一个理想异性的模型。所谓幻想，即我们在心目中勾勒这个理想异性的模型时所用的方式。

缺失，不是指现实的父母的缺点，而是指，在抚养孩子的时候，他们有一些什么样的缺憾。如果现实中的异性父母，给了孩子健康的抚育，既给了孩子充足的爱，又懂得给孩子自由的空间，那么，这个孩子就没必要花太多力气在自己心中勾勒那个虚拟的理想异性父母的模型。相反，如果异性父母的一些抚养方式严重阻碍了一个孩子的心灵成长，那么，这个孩子就可能会花大量的力气来勾勒出一个理想的异性父母的模型来，并会经常想，假如我有一个那样的异性父母该多好啊！

这就导致了一个结果：**如果一个人没有从现实的异性父母那里获得足够的爱，他内心中的理想异性对他而言就尤其重要，而且这个理想异性，与他的异性父母的差异也非常大。**

这种差异，就是迷恋的根源。理想异性与现实异性父母的差异越大，就越容易沉溺于迷恋中。

譬如，一个男孩，如果他的妈妈对他的爱有巨大缺失，那么这个男孩就会在心目中勾勒一个完美的女性形象。勾勒出这个假想的妈妈后，他会幻想如果有这样一个妈妈，他就会好受多了。

此后，随着年龄的增长，这个理想妈妈的假想，就会幻化为他对理想女性的渴求。

一旦遇到符合心目中的理想女性形象的女子，他的迷恋就会被强烈地激发出来。

但问题是，他迷恋的，仍然是自己心目中的理想女性。按照心理学的说法，他是将心目中的理想女性的模式，投射到那个女子的身上，他迷恋的只是那个女子身上的幻象。

并且，他看到的，也就只有那个被他严重理想化的幻象，而看不到他的迷恋对象的真实存在。

或许，这就是徐志摩痴恋林徽因，以及那个男子迷恋那个17岁女孩的深层原因。

在那个17岁的女孩看来，爱情就是找一个结伴而行、相守一生的人，"未必要完美，甚至未必是至爱"。

相反，徐志摩的目标却是理想化的，"我将于茫茫人海中寻我唯一灵魂之伴侣，得之，我幸；不得，我命"。论坛上的那个男子，所追寻的女子，也是非常理想化的，需"灵气、美丽、善良"三者得兼，"天地间灵秀，殊几钟此一人"。

他们的这种理想化，可能正是源自他们内心深处的对理想异性的渴求。

迷恋背后另有深意

迷恋源自对异性的理想化，那么，所迷恋的对象，势必符合迷恋者的理想异性的形象。不过，仅仅这一点还不足以产生最强烈的迷恋。

我的一个心理咨询师朋友 H 说，他曾深深地迷恋过一个女孩。那女孩一开始对他不反感，但经常提醒他说，她感觉他对活生生的她不感兴趣。尽管他时时都围绕着她转，她感觉自己总是被忽视，而他似乎仍然沉浸在一个人的世界里。

H 的迷恋对象，显然和林徽因被徐志摩追求时所产生的感受有类似的地方。

很长时间以来，H 一直以为，自己之所以迷恋这个女孩，是因为她外向开朗，符合他理想女性的模型。H 的妈妈是内向抑郁型的，虽然很爱他，但也很依赖他，这令他从小就一直扮演妈妈的拯救者的角色。这种角色，一方面令他很自得，让他感觉自己在妈妈心目中是最重要的，另一方面也严重限制了他的发展。

德国心理治疗大师海灵格说，父母必须帮助孩子发展出向外的动力，即向家庭以外的广阔天地主动探索的倾向。一般而言，这是孩子的自然发展方向，如果让孩子自然发展，他会顺利地走到这一步。然而，有一些孩子的这个倾向被阻断了。这种阻断，有时是父母粗暴地阻止孩子发展，但更多的时候，是父母自己需要黏住孩子，需要孩子做自己或做自己和配偶关系的拯救者。并且，当父母主动向孩子索取，要求幼小的孩子满足自己的需要时，几乎没有孩子会拒绝。

H 正是如此，他的妈妈在嫁入 H 家的大家族后，一直被严重孤立。H 的爷爷、奶奶、叔叔、伯伯都忽视她，甚至敌视她，这让她一直感到很孤独，性格也逐渐变得内向抑郁。一直到有了 H 后，她的这种状况才得以改变：她终于有了一个可以依赖的情感对象。从小 H 就一直是妈妈的倾诉对象，妈妈将她在这个大家庭中遇到的一切困惑和苦恼，都向 H 倾诉。H 也很主动地去扮演倾听者的角色，不和同龄的小伙伴一起玩，而一直守在妈妈身边。

这样一来，妈妈得救了。但是，由于长期扮演这样的角色，H 自己向外发展的倾向被阻断了，他也像妈妈一样变得内向抑郁。而且，也就在这个过程中，幼小的 H 开始勾勒一个理想女性的形象——外向、开朗、敏感，能将他带向一个更广阔、更精彩的天地。

后来遇到那个女孩，符合 H 的这个理想女性的形象，于是 H 不可救药地陷入了痴恋。他说，自己的痴恋程度与徐志摩对林徽因的痴恋相比，有过之而无不及。

为什么会陷这么深？H 一直以为，是因为那女孩太符合他理想女性的标准了。但后来，他才突然明白，其实，他对那个女孩第一次产生感觉的时候，恰恰是这个女孩陷入沉思的时候。当时，"我感觉她身上有一种圣洁的光环似的"。什么是圣洁？H 回忆说，就是一种忧郁的神情！

也就是说，H 如此痴迷这个女孩，表面上是因为她符合他理想女性的标准，但真正打动他的，还是女孩和他的现实妈妈相一致的地方。前者，满足了他的意识层面的需要，即"我要找一个外向开朗的女子，把我带向更广阔的天地"；后者，则牵动了他的潜意识深处的情感，让他就像童年时期爱妈妈一样爱这个女孩。这两个因素糅合在一起，令他对这个女孩一见钟情，并从此陷入不可自拔的痴恋中。

这不难理解，因为仅仅是幻象，并不能令迷恋者产生那么强的情感。我们之所以会对一个人产生强到不可思议的情感，一般总是因为那个人强烈地牵动了我们内心深处的情感关系，即我们小时候与父母的关系模式。

可以说，不管我们现实的父母现在令我们多么不满或失望，我们都势必曾对他们产生过最强烈的爱。这种爱，藏于我们的潜意识深处，糅合着我们所有的原初的爱的体验。一个人，只有能牵动我们这些活生生的体验的时候，才有可能唤醒我们最强烈的情感。

这，或许是强烈的迷恋产生的根本原因。

被迷恋者感受不到真爱

前面谈到的三个痴迷的案例，看起来还是比较合理的。毕竟，林徽因那么出色，那个 17 岁的女孩那么优秀，而 H 所迷恋的女孩漂亮又迷人。

不过，还有不计其数的、看上去并不合理的迷恋。

26 岁的广州女孩 Lisa 对我说，她几次陷入痴恋中。直到有一天，她才恍然大悟，发现自己的几次痴恋都有同样一个模式：爱上一个外地的、大龄的男子，两人爱得不能自拔，于是商量住到一个城市，等住到一起后，她却没了感觉，于是分手。

这个模式，几乎是她童年时与爸爸的关系模式的再现。

原来，5 岁之前，Lisa 一直是和妈妈一起生活，而爸爸一直在外地，并且因为工作的特殊性，一年都不能回来一次。那时，她对爸爸一直非常渴望，而爸爸每次回来也对她极其宠爱。6 岁时，爸爸终于调回来了，一家人终于团圆了，但 Lisa 迅速陷入失望。因为爸爸回来后，对她要求非常高。为了把女儿塑造成一个优秀的女性，他用了很多粗暴的方式。这给 Lisa 埋下了很深的心理阴影，让她觉得，原来爱就是"相见不如不见"，而且也让她开始憧憬与爸爸相反的男性——温柔、多情、宽容。

她也的确是按照这个模式去找恋人的，但奇特的是，她找到的清一色都是表面上温柔、多情而宽容，但实质上却是粗暴缺乏耐心的男子。其实，Lisa 对此也有所觉悟，她说，如果一个男人只是温柔多情的话，她会"受不了"，觉得他缺男人味，只有当这样一个男人展现出另一些特质后，她才会"不可救药"地爱上他。这和 H 的案例一样，都是必须找到那种既符合意识上的理想异性又符合自己现实的异性父母形象时，他们才会产生深深的迷恋。

并且，就如童年时与爸爸的关系的完美再现：当还在两地时，Lisa 会对男友充满渴望，两人的关系是遥远的，但如胶似漆；一旦在一起生活，关系就会陷入危机。Lisa 会经常失控地发脾气，而男友也会对她有很多要求，而且很粗暴。

像 Lisa 这样的故事，我最近听到了好多个。

因为太多的人内心深处都藏着一个对理想异性的幻想，一旦遇到符合幻想条件的异性，迷恋就被激发出来了。如果像 H 或 Lisa 一样，遇到了同时符合理想异性和现实父母的一些特征的异性，就很容易陷入不可救药的痴恋。

只是，迷恋者很容易受到挫折，因为被迷恋者即便一开始被感动、被迷晕，而投入到迷恋者的陷阱，但他们早晚会发现，迷恋者对真实的自己并不感兴趣，他们爱的，只是他们投射到自己身上的幻影。没有人喜欢做别人的幻影，于是，被迷恋者很容易转身而去，不管迷恋者看起来多么优秀，都会决然地离开了。

因为，和狂热的迷恋者在一起，被迷恋者只会感觉到孤独。

一见钟情或是致命诱惑

一切情绪都是迷人的。快乐迷人，而忧郁和痛苦也一样有感染力。

于是，童年习惯了快乐的人，以后不断重复快乐；童年习惯了忧郁的人，以后不断重复忧郁；童年习惯了痛苦的人，以后不断重复痛苦。

所以，当你看到一个坠入深渊的人时，不要以为，他只是一个受害者，相反，他可能正在享受着这个深渊。

甚至，这个深渊，还是他自己制造的。

意识上，我们都在追求快乐和幸福，并且一定有相应的人生哲学；但潜意识上，我们都在追求自己所习惯的情绪或情感，这是致命的诱惑。

这一点，在恋爱上体现得最为彻底。

爱情中，我们都在追求感觉，而这种爱的感觉，就源自这致命的诱惑。

一见钟情是不可靠的，但一见钟情又是可靠的。

之所以说不可靠，是因为我们容易执着于源自父母的恋人原型，我们拿着这个模子到处去套，套中了一名异性，就一见钟情了。但对方和你的想象经常大不一样，你以为他是你的恋人原型，这不过是你潜意识中对父母的执着而已。

之所以说可靠，是因为我们的确难以摆脱过去，源自父母的恋人原型在我们的潜意识中深深扎下了根，这一点很难摆脱。

但比这一切更重要的，是自己要做一个"好的恋人"，也要去找一个"好的恋人"。

幼儿心中，只有"我"是唯一的主体，而将父母视为客体。如果父母爱他、接受他，就是"好的客体"，他就会最终懂得，父母和他一样，都是主体。于是，他不仅学会了爱自己，也学会了爱父母，并最终学会了爱其他人。从此，他对于别人，也是一个"好的客体"了。

在恋爱中，如果你找到一个"好的客体"，而自己也做了"好的客体"，那么双方就会进一步成长，真正从孩子变成成人，从对父母原型的执着化为对情侣的爱。

熟悉感是一见钟情的秘密

其实，当人们深深地陷入爱情，并有着强烈的感觉时，可能都是"少年时代的憧憬"强烈地被唤醒了。

菲儿是我的一个好友，前不久，她去相亲，相出了感觉。

当时，两人约好在一家咖啡厅见面，她先到，那个男孩后到。她没见过那个男孩，但当一个男孩走进咖啡厅的一刹那，她看到了他，并被他的那双眼睛深深地触动了。"就是他了，不是他也得是他。"菲儿对自己说。

还好，果真就是他。更幸运的是，他对菲儿也很有感觉，于是两人很快确立了恋爱关系。

此前，菲儿刚结束了一场恋爱，而且是一场本来很有感觉的恋爱。所以，她很担忧上一次恋爱未果会对新的恋爱产生影响，于是约我谈谈。

"他像你的爸爸吗?"听她讲完感觉,我劈头就问。因为常和我聊,菲儿对心理学也有了相当的了解,而我和她聊天也从不约束自己,总是直指内心,试图知心见性。

"不像,一点都不像。"菲儿想了一会儿,回答说。

"好吧,那我们就从细节谈起吧。"我放下了那个刺刀见红的问题,和她谈起了约会的细节,让她自己慢慢描绘,那是一个什么样的男孩。

结果,菲儿讲出了一个又一个关键的细节。这些细节显示,这个男孩的个性和菲儿的爸爸,实在是像极了。

谈话进行了两个小时,最后,我们一一总结,至少找出这个男孩有十来处和她的爸爸特别相像。譬如,一样的有控制欲望,一样的有点强迫症性质地爱干净,一样的对女性忠诚……

找到了这么多相像之处,菲儿感觉到了一些恐惧,她感慨地说:"原来,爱的感觉,就是又找到了一个老爸?"

"的确如此,"我回答说,"或者换个说法:又发现了一次机会,可以再一次重复童年了。"

并且,这种发现,其实是在一瞬间完成的,那就是菲儿看到那个男孩的第一眼。

我们常以为,当看到一个人时,我们看到的是容貌、气质和神情。其实,这只是意识层面上的"看到",潜意识层面上的"看到"更加关键,更加丰富,也更加重要。

意识上,菲儿看到的,是一个干净、阳光而乐观的大男孩;潜意识上,菲儿看到的更多。她在看到这个男孩的第一眼,就已经嗅到了这个男孩一切重要的心性。这些她无法诉诸言语的信息,在对她说,这个人像极了她生命中第一个重要的男人。

于是,她来电了,甚至已经爱上他,正如以前她爱生命中第一个重要的男人——她的爸爸一样。

熟悉感是一见钟情的秘密。

当林黛玉进入贾府时，贾宝玉对林黛玉一见钟情，其理由是"倒像在哪里见过一般"。

这种"见过"，《红楼梦》给出的解释是"前世姻缘"，但从心理学的角度来分析，所谓的"前世"就是童年。菲儿的例子经典地诠释了这一点，她对约会对象一见钟情，而且来电的感觉那么强烈，原来只是因为她的第一眼，就看到了这个男孩像极了自己的爸爸。

第一眼的说法并不正确，其实，人与人交流的途径，是非常复杂的。我们以为，自己是在用语言、肢体和眼神等方式沟通，但可能还有更复杂、更全面而且不为我们所知的沟通方式。简单而言，那个大男孩走过来时，他身上的诸多信息都被菲儿感受到了。

从这个意义上而言，所谓的"被他的那双眼睛给深深触动了"，可能只是一个诉诸语言的借口。毕竟，我们要认识这个交流的过程，我们要给这个过程一个说法，而"被他的那双眼睛给深深触动了"只是一个被拿来解释这个交流过程的外壳而已。

我讲完这番解释，菲儿大表赞同，她说："是的，一定是这样，因为第二次约会时，再看那双眼睛，已没有了来电的感觉。"

"然而，爱的感觉依然有。"我说。

"是的，否则就不必交往了。"她继续说，"这么说，他的那双眼睛并不是我来电的主要理由，甚至都不是重要理由。我原以为我是因为那双眼睛才对他一见钟情的，但其实不是。"

来电的感觉，是绝对的诱惑，我们很难抵挡它。于是，菲儿对我说，纵然知道了爱的感觉是重复童年的渴望，但她觉得自己别无选择，还是要爱上那个男孩，并且假若这次恋爱不成功，她以后的选择对象，估计还是这一类型的，因为只有他们才让她有感觉。

来电的感觉，有时也是致命诱惑。菲儿的爸爸纵然不完美，但也是一个相当不错的爸爸。菲儿再一次重复童年，这一般不会有太大问题。她的童年若是很糟糕的，势必是一次新的严重创伤。

然而，我们都会忍不住去重复童年，哪怕它伤痕累累，哪怕再一次受伤。

这是因为，理性没有力量，情感才最迷人。

爸爸成了选择恋人的标准

阿玉是一名近30岁的女子，她刚结束了一场令她身心疲惫的恋爱。男友小邓小她4岁。除了年龄小，小邓的学历、工作和收入等各方面都不如她。

这一切也就罢了，最令阿玉不能忍受的是，小邓特缠人。因为做销售，阿玉常陪客户应酬，这让小邓非常不放心，他每天都会盘问阿玉"你去哪儿了""和谁在一起""做了什么"。

阿玉自认为没做亏心事，总是在第一时间如实相告。然而，小邓必然会说："我不信！"

他从来都不相信她给出的第一个解释，一定会继续逼问下去，直到她编出一个更复杂的理由，小邓才会半信半疑地收场。

对此，阿玉说，她很痛苦。

"既然如此，为什么和这么缠人的小男孩走到一起？"我继续问她。

阿玉说，她一开始认为，他这么缠人，恰恰证明他爱她，所以很享受这一点，有时还为此感到一丝得意。等到后来他实在太缠人了，她才感到了厌倦："太累了，每天都至少用半个小时解释，几个小时也很常见，有时得用上一个晚上，搞得两人都筋疲力尽。"

"以前恋爱过吗？"我再问。

"谈过两次。"阿玉回答说。

"谈谈前男友吧。"我说。

她坦然地谈了起来。结果发现，原来她的三个男友都很缠人，不过前两个男友都好一些。初恋男友和她认识了半年后变得缠人，盘问了她两年后，两人分手了。第二个男友要更好一些，和她相处三年后才变得很缠人，以前从不盘问的他后来也变得每天都要盘问她。盘问了三年后，两人也分手了。第三个在缠人上最厉害，刚确立恋爱关系后就开始整天逼问她。

显然，第二个男友的缠人是被阿玉教会的。阿玉承认，第二个男友的安全感太强，很少特别关注她，这让她一度很不高兴，此后有意无意中，她和异性朋友的交往多了起来，而第二个男友最终也变得紧张起来。

有趣的是，这三个男子盘问她时所说的话几乎一模一样，都是"你去哪儿了""和谁在一起""做了什么""我不信"。他们都不相信她一开始所给出的理由，他们都要阿玉说出最有说服力的理由后才会停止盘问，而这个看似最有说服力的理由，却往往是编造的。

"没办法，我不想无休止地吵下去，只好编个理由让他们停下来。"阿玉解释说。

"更早的时候，还有谁经常盘问你？"我突然问她。

"哦……我爸爸。"迟疑了一会儿后，阿玉回答说。

原来，阿玉从小习惯了这种对话模式。小时候，爸爸要求她按时回家，一旦没及时回家就得接受爸爸的盘问，而且盘问时爸爸说的话就是"你去哪儿了""和谁在一起""做了什么"。

一开始，阿玉总会如实相告，而爸爸也铁定会说"我不信"，于是阿玉不得不编造一些更复杂的理由，好通过爸爸的盘问。

和阿玉没深谈，不过我相信，当她爸爸盘问她的时候，意识上，她会觉得烦，而潜意识上，因为爸爸如此在乎她，她肯定会有一丝得意感的。

得意感是真实的，烦也是真实的。得意感，诱惑她一次次与男友重复建立了同样的关系模式，引导男友盘问她，甚至当第二个男友不这样做时，她还教会了他这样做；烦，则又让她渴望结束这样的关系，于是每一次这样的关系都不能持久。

表面上，在与三个男友的关系中，总被盘问的阿玉仿佛是一个受害者。这也是她身边朋友们的共同看法，她们都觉得，阿玉怎么这么惨，每次都找到缠人的男子，总是把自己弄得痛苦不堪。但事实上，这样的关系至少有一半是阿玉主动参与制造的。

她制造这样的关系，正是为了重复童年的感觉。

被抛弃感成了致命诱惑

阿玉在与爸爸的互动中形成了盘问与被盘问的关系模式，等长大了又将它变成了自己与每一个男友的交往模式。

这样的模式既谈不上多么不好，也谈不上多么好。这是我们多数人共同的命运，我们都在追求童年的感觉。我们多数人的那些童年的憧憬，一样是谈不上多么好也谈不上多么不好。

但也有不少人童年的感觉是相当糟糕的，而他们一样会忍不住去重复这些糟糕的感觉。

37岁的广州女子阿灵，她的先生频频地找其他女人，且饥不择食，不管什么样的女人只要能上床就可以。

先生这样做，严重地伤害了阿灵的心。他偷食的规律也有些奇特，都是子夜时分出去，凌晨三四点回来，频繁时隔三岔五有一次，好的时候十天半月有一次。每当先生晚归，阿灵都会睡不着，会等他回来，然后两个人吵架，而吵架的模式是固定的。

先是简单的问答。她问他去哪了或者干什么去了。先生则回答说去江边散步了，或者去吃大排档了。阿灵不信，于是追问，而先生搪塞几个回合后会坦然承认，自己找其他女人去了。

此时阿灵会无比伤心，会斥责先生。最后，她先生会说，自己没有把那些女人带回家，带到她面前，就已经够照顾她了。

这时，阿灵会难过到极点，会伤心得不能自已，一边放声痛哭，一边有深深的被抛弃感。

她知道自己不该与先生吵架，因为于事无补，又把自己弄得那么伤心，实在是不应该。然而，她就是忍不住要这样做，忍不住要吵，而且一定要逼先生说出最伤人的话来，吵架才会结束。

而这个结果很可能正是她渴求的。因为，深深的被抛弃感，就是她的童年最基本的色调。

原来，她出生于潮汕地区的农村，家里有七个女孩和一个男孩，她是老大，后来妈妈生了一个又一个妹妹，直到最后才生了一个儿子。在家中，七个姐姐的分量加起来都不如一个弟弟重，而作为老大的阿灵，则一遍遍地体验着女孩被忽视、被抛弃的感觉。这种深深的被忽略感、被抛弃感根植于她内心深处，成了她童年的最基本的色调，现在的事情不过是童年这一色调的再现。

毕淑敏在她的小说《女心理师》中描绘了这样一个案例：大芳和老松结婚多年，女儿在国外读书，而老松则前途无量。这时，奇特的事情发生了，大芳把一个又一个女子引回家，似乎把她们当成最亲近的姐妹对待，并渴求她们在她的豪宅中一起生活。最后，这些姐妹都"背叛"了大芳，和老松发生了关系。

看上去，大芳完全是受害者，而且遇到的还是那种最凄惨的故事：最亲近的姐妹成了情敌。

然而，真相却是，这些情敌是大芳的潜意识故意制造的，她不过是在重复自己的童年而已。

她出生于一个大家庭，妈妈是爸爸十个老婆中的一个，而且是最没有地位、最受排挤的。在这样的家庭中，大芳和妈妈受尽欺凌，而妈妈临死前对大芳的遗言就是："你一定要做大……"

这句没有说完的遗言，大芳最终理解成"你一定要做大老婆"。其实，这并不仅仅是她的一个理解，只怕还是她源自童年的憧憬和渴望。因此，大芳总是把一些女子带回家，诱使老松和她们发生关系，她再去捉奸，令他们内疚，从而抢占道德制高点，做一个感觉上的大老婆。

只是，这样的事情一旦发生，她童年的另一种感觉也会被唤起，那就是对妈妈的所有情敌的愤怒。然而，她现在做了"大老婆"，就好像她也成了妈妈的情敌。这时，这些愤怒如潮水一般对准了她自己，从而令她每做一次"大老婆"就损害掉一个器官，譬如胆、肝、胃和肠……

心理医生贺顿一开始无法理解大芳的这种心理机制，于是劝大芳和老松离婚。意识上，大芳也渴望结束这种关系模式，于是离婚了。随即，她闹了一次自杀。纵然，这种关系模式看似糟糕，但其实她也有许多心理获益，做"大老婆"的感觉还是不错的。而一旦与老松的关系终结了，所有的心理获益也就消失了，她的生命感觉也随之消失，她成了真正的行尸走肉，自杀的冲动也随之而来。

我们每一种重要的生命感觉，几乎都在童年时第一次建立。这些感觉才是我们心灵的内容，而理性的认识只是附属品。

假若没了内容，我们的心灵会干涸，我们会失去活着的感觉。为此，我们会去寻找刺激，这些刺激会激活我们的心，让我们重新找到充实感，哪怕这种充实感只是昙花一现，我们也会忍不住去寻求。对于大芳而言，她做"大老婆"的心理满足感只是短短的一瞬间，而她每次都为此付出一个器官的代价，但她的潜意识却乐此不疲。

大芳和阿灵的故事，太过于惨淡，而多数人的童年感觉和阿玉一样，既谈不上多么美好，也谈不上多么糟糕，因而不会像大芳和阿灵一样，遭遇那么惨淡的婚姻。

小知识 • 一见钟情的三种形式

在恋爱中，假设女人心目中的恋人原型是A1，男人心目中的恋人原型是B1，但实际上，这个男人是A2，而这个女人是B2，由此，一见钟情就会有以下几种形式：

完美的一见钟情

女人以为，她找到了A1，并且A2等于A1。男人也以为，他找到了B1，而B2也等于B1。这样，一方对另一方的期待和对方基本相符，完美的一见钟情就会产生。如果他们的童年比较幸福，这种一见钟情就看上去很完美；如果他们的童年比较不幸，这种完美的一见钟情就会成为一场灾难。

虚幻的一见钟情

更常见的一见钟情是，女人按照一个模子套中了一个男人，而且以为找到了自己理想中的恋人，但实际上这是一种似是而非，即男友只是像她的恋人原型，但骨子里却不是。男人也按照一个模子套中了一个女人，也以为找到了理想恋人，但女友骨子里其实是另外一种人。

单相思

最常见的一见钟情是，你将对方当作A1，于是不可救药地爱上对方，但对方没有将你当作B1，所以没有爱上你。这样一来，单相思就会发生。

命运=心理的强迫性重复

不要在同一个地方跌倒两次!

这句话,是我们最常听到的警句之一。之所以最常听到,正是因为,这是最难做到的。

其实,我们大多数人的人生,就是不断地重复同样的事情。

如果你得到了幸福,你就重复幸福;如果你学会了信任,你就重复信任。

相反,如果你得到了痛苦,你就重复痛苦;如果你学会了敌视,你就重复敌视。

很多心理学家认为,这种强迫性重复,就是所谓的命运。

而不幸的人,大多数时候就是在不断地重复同样的错误,不断地在同一个地方跌倒。但这个地方其实没有罪,让我们跌倒的,是我们自己。

譬如,旁观别人时,你可能很容易就发现:嘿,那个家伙,在一个萝卜坑里摔了一跤后,哭了一会儿走开了,但一会儿又回过头来,走到那个萝卜坑里,又摔了一跤,接着又哇哇大哭,然后抱怨命运的不公平。

真荒谬! 这个家伙真是令人纳闷! 你可能会这样感叹。

但是，如果你认真地审视自己，你会不情愿地发现，至少有一两个坑令你不断地摔跤。

> ### 小知识 • 强迫性重复
>
> 一百多年前，一位著名的心理学家在对他的孩子进行观察时发现，孩子在经历了一件痛苦或者快乐的事情之后，会在以后不自觉地反复制造同样的机会，以便体验同样的情感。
>
> 这位心理学家把这种现象称为强迫性重复。
>
> 在人际关系中，强迫性重复可以理解为一个人小时候形成的关系模式的不断复制。
>
> 譬如，一个人小时候的关系模式是信任，那么他就会不断复制信任，最后不仅能赢得一般人的信任，还能赢得那些很难相处的人的信任。按照心理学家曾奇峰的观点，是这个人自己教会了那些难相处的人去信任他。
>
> 相反，如果小时候的关系模式是充满敌意的，那么他就会不断复制敌意，最后他不仅对那些与他有冲突的人充满敌意，对那些本来对他很好的人也充满敌意，最后这些人也真的从友善转向了敌意。可以说，是他教会了那些本来对他友善的人转而提防他。
>
> 当然，这一切都是相对的，因为他在教别人的时候，别人也会教他。
>
> 不过，这种"教"，是在不自觉的情况下进行的，所以更正起来尤其困难，这让我们忍不住悲叹命运。

恋爱：两人强迫性重复的双重奏

一名才女，在一般的场合中，她可以不说错一句话，不做错一件事，总能挑选在最恰当的时候说最恰当的话，并赢得人们的瞩目与尊重。

然而，每隔一段时间，她就会制造一个大麻烦，然后花上巨大的力气去化解这个麻烦。这些麻烦都与男人有关。她有过一次婚姻，当时她只花了一个星期就与一个男人完成了从相识、相爱到结婚的整个过程。后来，她花了三年的时间去解除这个婚姻。

她还曾经谈过一次没有希望的恋爱，并为这次恋爱付出了巨大的努力，譬如轻而易举地放弃出国机会。但在其他人眼里，这场恋爱一开始便没有希望。

但她就是要不断这样做：找到一个不适合的男人，然后彼此相爱并相互折磨数年，最后分手。

这是典型的强迫性重复。她有非凡的才华，而且很有魅力，应该可以轻松地赢得幸福生活，但她就是做不到，一次又一次地跌倒在自己制造的大坑里。

男人和女人建立亲密关系，习惯了幸福的人，会在这个关系中制造爱，而习惯了不幸的人，会在这个关系中制造恨。

在电视台工作的阿钟，才华横溢，仪表堂堂，女友换了一个又一个，但他明确表示，女人根本就不可靠，她们好吃懒做，无情无义，只想靠男人养。

他找的这些女友，多数的确符合他的描述。但天下那么多好女孩，他为什么就不选呢？

其实，他就是为了验证他的断言——"女人不好"，所以才找那样的女友。

他这样做，也是为了进行强迫性重复。他幼年丧父，妈妈后来不断换情人，对他不闻不问，他心里埋下了对妈妈强烈的恨。当妈妈在他18岁时遭遇车祸死亡后，他就开始了花花公子生涯。他之所以找那样的女孩，只不过是为了继续表达他对妈妈的恨。

妈妈不可靠，所以他要一再找不可靠的女人，以证实他对妈妈的攻击的确是合理的。

他遇到过好女孩，也深深地爱过她。但是，他太挑剔了，一发现女孩的任何缺点，都会给予毫不留情的攻击。最后，这个女孩离开了他，这让他很绝望，让他悲叹："原来这么好的女孩也一样靠不住！"

但这种"靠不住"的结局，正是他自己制造的。他没有学会掌握幸福，他只学会了重复灾难。

重复是因为我们惧怕丧失预见力

强迫性重复无处不在，就好像是我们只习惯拥有过的生活，如果现在的生活变得与过去不一样了，我们就得做点什么事情，把现在弄得和过去一个样。

聪明、漂亮的波西在一家大型公司上班。一开始，同事和上司都喜欢她，这让她感到很欣喜，因为她认为，她最大的难题就是不知道怎么和别人打交道。其实，她之所以逃离上一家公司，就是因为她觉得她和那家公司的同事与上司的关系都搞砸了，她被严重孤立。

但是，在新公司刚待了一个星期后，波西突然觉得情绪非常低落，她反省这一星期的生活，觉得她有很多地方都做错了，认为自己肯定得罪了顶头上司和身边的几个同事。

到了第二个星期的星期一，她怀着忐忑不安的心情来到公司，发现大家的确对她有点不理不睬（实际是大家太忙）。于是，她悲叹："看来这是真的，我又把关系给搞砸了。"

这一天里，她做错了好几件事，譬如删错了电脑里的文件，碰翻了一个同事桌子上的水，和上司打招呼时却想不起上司姓什么。

结果，等到下班的时候，她更加认为自己和同事的关系不可救药了。

波西这种情形，也是典型的强迫性重复。和多数习惯了不幸的人一样，当事情真正有些好转时，她会觉得不安，会觉得好像有什么事情不对劲。

这种不安，是她的控制感在作祟。

长期生活在不幸的环境中，我们会发展出特殊的预见能力，也就是说，我们能够预见，自己会在什么时候遭受其他人的欺负和折磨。这种预见能力会适当地保护我们免于遭受更可怕的折磨。

但是，等到了新环境中，我们的预见能力就丧失了，我们会觉得一切好像乱糟糟的："怎么别人对待我的方式，和我想象的不一样呢？"

这个时候，我们就会在无意识的指引下去做一些莫名其妙的事情，从而把事情搞砸，让本来对自己友善的人添一点敌意，让本来对自己关心的人多一点不耐烦。等他们这样做的时候，我们虽然觉得很悲伤："为什么他们终于还是对我不好了？"但另一方面，我们内心深处会安静下来，知道一切又在自己的预见中。

无论好的强迫性重复还是糟糕的强迫性重复，改变起来都不是很容易的事情。所以，你会看到，一些坚信会赢得别人爱与支持的人，哪怕被拒绝100次，仍然会若无其事地与你交往。相反，另外一个人，你对他好了99次，但只有一次疏忽，就被他抓住，并被当作你不爱他、不支持他的证据。

要建立好的强迫性重复，最好的办法就是父母在孩子童年时给他爱与支持，同时尊重孩子的独立性，给予他足够的信任。 那么，孩子就会学到爱、信任、独立与自强，并把这些好的东西不断地在他的人生中进行一遍又一遍的重复。

七年之痒：寻找真爱的契机

假设，他对她一见钟情，她对他也一见钟情，完美的爱情发生了。那么，这两个幸运儿彼此迷恋的甜蜜会持续多久？

或许，七年是一个极限。那些非常有感觉的爱情与婚姻，只怕势必会遭遇七年之痒。

近一段时间，不断听到关于七年之痒的故事。结婚七年了，今年离婚；恋爱七年了，今年分手。也想起了以前几个朋友的事，一样是在结婚第七年陷入严重危机。

看来，"七年之痒"这个词是相当有道理的。只是，为什么是第七年，它有什么特殊含义？

一天，思考这个问题时，我脑子里突然跳出一句话：第一次童年，是六年；第二次童年，还是六年。

这句话一跳出来，我就知道，这是我的大脑暂时为七年之痒找到的答案。

七年之痒意味着成熟

我们至少有两次童年，一次是零至六岁，一次是爱情。
爱情，是对再一次重复童年的憧憬。

第一次童年，是零至六岁。心理学理论认为，六岁孩子的人格结构和智力结构基本定型。

第二次童年，是恋爱，是婚姻。七年之痒如此普遍，意味着第二次童年可能也是六年。

第一次童年，是命运，我们没有选择权，出生于什么样的家庭，有什么样的父母和亲人，我们不能主动选择，只能被动接受。

第二次童年，我们有了相当的主动权，我们选择恋人，我们选择结婚，我们选择分手……

第一次童年，我们希望自主，能按照自己的意愿改造父母。童年越痛苦，改造意愿就越强，但不幸的是，这些改造愿望很少能实现。

第二次童年，会再现我们第一次童年实现过的美好，于是恋爱中的人常觉得两人像是"两个快乐的孩子"。同时，也会再现童年的时光和童年未被实现的憧憬与愿望。童年越有问题的，这时就越渴望改造恋人。假若改造成功了，那仿佛也意味着以前的命运被改变了。

第一次童年，当我们"成熟"时，即人格基本定型时，是六岁。做父母的多有体会，六岁的孩子和五岁的孩子有很大差异。其中一个重要的差异或许是，六岁的孩子在相当程度上放弃了改造父母的愿望，他们学会了接受事实，接受"父母就是这个样子"的事实。不过，改造梦想并未消失，只是深深地压抑到潜意识深处而已。

第二次童年，第六年时极可能会重现这样一个心理过程。前六年，我们潜意识深处的渴望——改造父母、纠正童年的错误——又被唤醒，我们把这个愿望投射在恋人身上，像六岁前渴望改造父母一样渴望改造他们，但到了第六年，我们

> **小知识 · 七年之痒的由来**
>
> "七年之痒"是一个舶来词,源自美国著名影星玛丽莲·梦露主演的同名影片。这部影片是一个轻喜剧,讲述的是一个结婚七年的男子在妻子去乡间度假后,被刚搬来的风骚的女房客撩拨得心猿意马,整日对其想入非非,但最后还是幡然省悟,悬崖勒马,回到妻子身边。
>
> 按照词义,七年之痒很容易被理解为到婚恋第七年才产生的不轻不重的问题,一般常被称为审美疲劳。
>
> 不过,在我看来,七年之痒并非指到了第七年才产生问题。其实问题早就产生了,但两人都在忍受,都在给对方也给自己留点机会。然而,到了第七年,再也不愿意忍受了。
>
> 所以,七年之痒并非仅仅是轻轻地痒,而可能是大问题,因为许多婚姻或恋爱是在第七年结束的。

再次发现,这是行不通的,我们得再次放弃这个改造梦。

这时,一定会有巨大的失望,我们的意志再次被命运嘲弄,我们会惊讶地发现,这个最亲密的人根本不是自己想象的那样,他(她)似乎完全是另外一个人。

他(她)的确不是我们想象的那样,我们其实是将自己的想象强加在他(她)的头上,当我们看到他(她)时,看见的不是对方的真实存在,而是自己加诸在他(她)身上的幻想。他(她)的确是另外一个人,而这恰恰是他(她)的真实存在。

由此,这也是一个巨大的契机。假若两人都看到了对方的真实存在,并愿意接受彼此的真实存在,那么,一个新的、真实的关系就会建立,这个关系看起来不如前六年的关系那么动人,但它更稳固、更牢靠、更有弹性,也更轻松自如。

假若这个关系发展下去,它会越来越深入,越来越迷人。

我们常说，相恋容易相处难。相恋时，其实我们没有和对方的真实存在打交道，我们是将自己的幻想投射到对方身上，然后与自己的幻想打交道，这自然比较容易。相处时，我们就要看到彼此的真实存在，从而要适当地放下自己，与那个和自己一样拥有独立意志的人打交道。这的确更难。

幻觉常在第六年破灭

爱情，是对再一次重复童年的憧憬，这就导致了这样一个结果：童年美好，爱情就重复了美好；童年不幸，爱情就重复了不幸。

当然，很少有人会明确地期待不幸的爱情，我们一开始总是憧憬着爱情的幸福和快乐，只是到了后来才发现，所谓的爱情居然与童年如此相像，那个我们寄予了很大期望的异性，原来与令自己失望的异性父母那么相像。

在我的博客上，一个叫"愚者"的网友写了她的心路历程。她写道：

> 我即将踏入婚姻的第七年，今年是第六年。我突然发现，我的丈夫仿佛重复着我父亲的足迹。我结婚时，下定决心选择一位爱我多过我爱的人，选择一位有责任心的、和我父亲完全不同的人。我父亲的事业曾遇到重大挫折，他一度一蹶不振，弃家庭于不顾。
>
> 现在，我丈夫也遇到了事业的瓶颈。我的丈夫，和当年我父亲一样想自己去做点买卖，同样也缺少资金，同样也想向我的亲戚借钱，同样一旦遭到拒绝就火冒三丈。
>
> 我感觉有点恐惧，因为我父亲当年在我母亲的帮助下借到了钱做生意，但生意失败了，从此我家四分五裂。当时年少的我，看到

> 父亲弃家而不顾,而母亲为应付亲戚和各式各样的债主痛苦不堪。
>
> 现在,究竟是我在重复我母亲的足迹还是我丈夫在重复我父亲的经历?对此我感到迷惑。

这是意识与潜意识的分裂。意识上,她想找一个与父亲完全不同的男子,但潜意识还是指引她找到了与父亲像极了的男子,甚至还令她与丈夫重复了与自己父母的历史。

究竟是她在重复她母亲的足迹,还是她丈夫在重复她父亲的经历呢?这是一个双重问题。从她丈夫的角度看,想必他也在重复自己童年的一些经历;从她的角度而言,她显然是在重复自己童年时的一些经历。

这些可怕的命运重复是怎样发生的呢?

这是潜意识的力量。有人向我反映,在《一见钟情或是致命诱惑》中,我漏写了一种情况——因为对父母不满,所以会对与父母完全不同的异性一见钟情。

这样的一见钟情,其实常常只是一个表面现象。意识上,我们好像是被这些异性与自己父母完全不同的地方吸引了;潜意识上,我们还是被这些异性与自己父母相同的地方深深地打动。

之所以如此,是因为我们第一次爱上异性,一定是爱上我们的异性父母。这种第一次产生的生命感觉留下的印象是如此之深,以至于当它再次在一个异性身上强烈重复时,必定是因为这个异性像极了自己的异性父母。

在《迷恋:源自幻象的爱》中,我举过这样一个例子:H 对一个活泼开朗的女孩一见钟情,他原以为是因为他一直憧憬外向快乐的女孩,但过了多年后他才突然明白,他对她一见钟情时,恰恰是因为她陷入了抑郁之中,而他的妈妈一直是抑郁的。H 对现实妈妈的抑郁很不满,于是他从小就在心中勾勒了外向快乐的理想女性的形象，但当一见钟情发生之时，打动他的并非那个女孩的活泼开朗，而是他早已习惯并曾一度严重抵触的忧伤。

这是一个很简单的事实，然而，有趣的是，H也是到了第六年的时候，才突然明白了这一点，才做到了放弃幻想，直视真相。

不要执着于幻象，要看清真相

七年之痒，意味着婚恋的第七年会出现严重问题，譬如第三者、分手或离婚等一些标志性事件。不过，从感觉上而言，或许第六年更重要，我所了解的一些婚恋故事，都是在第六年出现了幻觉的破灭感。

一个叫"月凉"的网友在我博客上的一个留言典型地反映了这一点。

在留言中，她写道："算一下，我今年正好结婚第七年，从去年发现自己的幻想破灭了。别想着靠任何人，只能靠自己。"

幻想破灭了，那么，她的幻想是什么？

我一个朋友的说法可作为这个问题的答案。她前不久与男友分手，两人正是相爱了七年。和"月凉"一样，她也是在去年有了一些破灭感，并预感他们的恋爱即将结束。

她的一个重要的破灭感是，她终于发现，男友是一个花心的男人。

这是一个很有趣的事情。其实，相恋的第一年，她曾离开广州一段时间。不到一个月，其男友就和另一个女孩走到了一起。

显然，从事实上看，她的男友一开始就是花心的。然而，从感觉上看，她却一直到恋爱的第六年才"发现"这个事实，并接受了男友是个花心男人的真相。

任何自发的心理或行为都有道理，那么，她的这种感觉与事实的严重脱节是怎么一回事呢？

答案很简单，她是将自己现实父亲的形象投射到了这个男孩身上。

她对这个男孩一见钟情，后来也发现，这个男友在许多方面像她父亲。但他毕竟不是父亲，并且还有一些关键性的差异，其中一个差异就是，她父亲对母亲非常忠诚。

于是，当她看到这个男孩时，其实常常看到的不是他，而是她投射到他身上的幻象。这个幻象的一个重要内容是忠诚。

因此，尽管这个男孩一开始就显得很不忠诚，并且以后也有一些信息显示他很花心，但她将这些不符合她的理想男人原型的信息都给过滤掉了，没有让它们进入她的意识。不过，她其实很在乎这些信息，并试图通过一些方式努力改造男友。这些方式的原则就是"对他好"，就像她的妈妈对她爸爸那样的好。

然而，这些改造努力几乎都会失败，一个花心的男子，很少会因为女友"对他好"而放弃花心。她男友也不例外，他也有自己的逻辑——"我只把你当老婆，其他的女子都是玩玩而已"。他用这套自欺欺人的逻辑解决了自己内心的矛盾，于是可以一边很爱女友，一边非常花心。

这样的事情一再发生，到了最后，她就不得不去直面这个事实。只是，直面事实的时间选在了第六年。

我这位朋友，并非是简单地重复童年的苦难。毕竟，她的父亲不是花花公子，相反很忠诚，而她在家中也是最受宠的，爸爸妈妈都爱她胜于爱彼此。她也有过一些改造梦想，但都与忠诚无关。她花六年时间才接受男友花心的事实，可能反映的是一个普遍性的规律——和第一个童年一样，在恋爱的第二个童年，也是在第六年的时候才开始成熟，才能做到放弃自欺欺人，放弃幻想，直面并接受一些真相。

幻灭感产生之后，会有更多真爱

不是所有的婚恋都会经历七年之痒，有很多婚恋，还没到第六年或第七年就严重地痒了，甚至几天、几个月就结束了。

然而，即便这些短命的婚恋，也是对童年的又一次重复。

一位男士谈过一次为时三年的恋爱，前两年尽管有些磕磕碰碰，但两人相处整体上是非常默契的。然而，到了第三年，一些严重的问题爆发出来，女友一度指责他自私。深谈之下，他发现女友是真的相信他是自私的，而不是一个简单的指责，这令他极其伤心，因为他一直认为自己宽容大度，而身边所有朋友也都是这样称赞他的。

之后，女友一次又一次误解他，并且还做了一些莫名其妙的事，简直像变了一个人似的。最后，两人分手。

后来，他了解到，女友三岁时，她的父亲离家出走，与另一个女人组建了一个家庭，这对她造成了极大的伤害。

这可以理解为，这个女孩在重复她童年的经历。三岁时，被父亲抛弃；恋爱三年时，她在潜意识力量的推动下，做了许多莫名其妙的事，以再次重复这种被抛弃的经历。她说男友自私，其实只不过是将她心中的父亲的自私形象投射到了男友身上。

当然，她并非想被抛弃。假若男友仍然一如既往地对她好，甚至对她更好，他们的关系能安全地度过这个第三年，那么，她童年被父亲抛弃的痛苦就会得到很大程度上的修复。可惜，她没有这个好运气。

我们多数人都没这个好运气，因为当我们因潜意识的指挥而去做一些莫名其妙的事情时，我们的另一半不会明白我们在干什么，他们最后也会和我们一样落入我们潜意识的圈套，认同我们的投射，然后和我们一起重复童年的苦难。

当然，特殊的"三年之痒"也罢，普遍的七年之痒也罢，都有其特殊的意义：

令我们放下幻象，从而看到恋人的真实存在。

看到了真实存在，就要做一个抉择：是继续幻想，还是和恋人的真实存在打交道。

假若继续维持幻想，那么这个亲密关系就只有瓦解，然后换一个人，继续幻想下去。

我一个已离婚的朋友回忆她的七年之痒时说，她和前夫早就有了问题，但都一直忍着，都对自己说，给彼此一个改过自新的机会。但到了第六年，她和他都不想忍了，于是分居。分居一个月后，他好像放弃了幻想，不再渴望改变她，而开始改变自己，用一种新的方式与她相处。

然而，她认为自己没有任何责任，她拒绝改变自己，仍渴望改变他。也就是说，她仍在坚持心中的幻想，而不愿也不能与真实的他打交道。

结果，到了第七年，他们离婚了。现在，她有些后悔，她说，假若自己当时能懂得这一切，不再总想着改变他，而开始自我改变，那么他们也许不必离婚。

不过，看到了恋人的真实存在，并不意味着关系一定有救，有时结束反而是最好的选择。譬如，前面我提到的那个女孩，她终于放弃了投射到男友身上的忠诚幻象，认清了男友是一个花花公子的事实，而她绝对不能接受这个事实，那么分手对于她而言就是最好的选择。

所以，当陷入七年之痒时，不必惶恐，也不必沮丧，相反应去认识到它的价值，并接受自己的幻灭感。这种幻灭感一定是好的。只有当幻灭感产生后，接下来的相处，才可能是真正意义上的相爱。两个幻影，不管多么迷恋彼此，都不过是幻影而已。

警惕爱情的七个教条

发自内心的感觉，是我们判断事物的唯一可靠的凭证。然而，如果没有学会尊重并信任自己的感觉，我们就容易信任一些貌似正确的信条。

一旦我们过于依赖这些信条，它们就会成为僵硬的教条。

并且，很多信条本身就是片面的，甚至是错误的。

爱情是生命中最重要的事情，而爱情也是最难把握的。这时的感觉似乎过于纷繁复杂，于是我们容易不信任自己的感觉，而去信赖一些教条。这是非常危险的。

一个人越爱我，会对我越好

这是关于爱情的最普遍的教条之一，也是危害性最大的教条。

对于一个内心充满爱的人而言，这个信条是正确的。但对于一个心中充满恨的人而言，这个信条是错误的。

之所以如此，是由我们的内在关系模式所决定的。

假若一个人"内在的父母"与"内在的小孩"的关系基本是和谐的，是相爱的，那么，这个人越爱你，就会对你越好。

但假若一个人"内在的父母"与"内在的小孩"的关系是病态的，是相互对立甚至是仇恨的，那么，这个人越爱你，就会对你越糟糕。

我们所有重要的外部关系，都是我们的内在关系模式投射的结果。并且，外部关系越重要，我们内在关系模式投射的程度就越厉害。所以，一个内心充满恨的人，他越爱一个人，他就越有可能成为那个人的地狱。

有时我们会在社会新闻中看到男人杀死自己爱人的报道，他们的行为便源自这个道理。

而且多数连环杀手选择的攻击对象是有共同点的，譬如受害者都是红上衣和长头发的女子。那么，可以说，这一类型的女子，便是这个连环杀手的梦中情人，是他所爱的对象。但他越爱她们，他就越想攻击她们，因为他的"内在的小孩"与"内在的妈妈"的关系充满暴力和仇恨。

当然，多数人的内在关系模式中既有爱又有恨，既有和谐的一面也有对立的一面。于是，多数人的爱情势必会爱恨交加。如果你渴望自己的爱情是温暖的、和谐的，最好有一个幸福美好的结果，那么，一个简单的前提条件是，你和爱人的内在关系模式都基本是温暖而和谐的。

如果你渴望自己的爱情是轰轰烈烈的，爱到极致，恨也到极致，那么，这个渴望本身就说明，你的内心是分裂的，是冲突的，而你也势必会去寻找那种内心严重分裂的人。

在自由恋爱时代，只要爱人不是你被迫选择的，那么爱情中的幸与不幸其实都是你主动选择的。

所以，只要是自由恋爱，就要试着不谴责对方，试着从自己身上找答案，然后主动选择，并承担选择的责任。

无论是谁，其内心一定是有分裂的一面的，并且这一面一定会在爱情中展示出来。你如此，你的爱人也如此。爱情既是两人美好一面的淋漓尽致的展示，也是两人分裂一面的淋漓尽致的展示。如果两人都乐意承担各自的责任，那么两人的内心都会得到很大的修复，爱情就起到了极大的治疗效果。

我们一定要看到爱情美好的一面，否则很容易对爱情产生失望。

最后，我再次强调，尽可能地远离内在关系模式很糟糕的人，除非这个人有自省的能力。

越忘我的爱越珍贵

我们都渴望爱，但又不敢相信爱，非要看到对方给出爱的证明，我们才敢相信。

这种心理，女性尤甚。

那么，什么样的方式才算是最可靠的爱的证明？

很多人内心的答案是：最好是忘我的爱。对方忘我地爱我，甚至不惜践踏自己的尊严，为我的一丁点利益，宁愿舍弃自己的一切，包括财富和生命……

假若你心中自觉或不自觉地有这个答案，那么等待着你的，便是地狱。

因为，一个人在追求你时越忘我，在关系确立后就越容易"忘你"。这种巨大的转变，会令很多人愕然。尤其是女性，她们会认为，恋人追求自己期间之所以那么忘我，原来仅仅是抱着一个目的——得到自己的身体，而一旦得到了，他自私的本性就露出来了。

这样的说法，会令男人看起来极其居心叵测，极其险恶。

居心叵测的男人肯定有，而且数量也不是少数。不过，据我了解，那种先是忘我而后"忘你"的男人，多数是真诚的。追求期间，他们是真诚地忘我，关系确立了，他们是真诚地"忘你"。

因为，忘我和"忘你"，是一个硬币的两面，是一体的。

我们为什么会痴爱一个人？一个重要原因是我们将对方看成了"理想自我"。一个人的"现实自我"和"理想自我"差距越大，就越容易产生迷恋性的痴爱。

然而，一个人越迷恋爱人，就越看不见爱人的真实存在，他看见的，其实是他投射到爱人身上的"理想自我"。

也即，他爱的并非是你，而是他自己。

假若他没得到爱人，那么这个幻象就永远不会破灭，于是这个人就会永远爱得忘我。一旦他得到了爱人，他会发现爱人并不是他的"理想自我"，于是，他投射到爱人身上的"理想自我"就被他拿回了。爱人从他的"理想自我"变成了她自己，于是，忘我就变成了"忘你"。

这是"婚姻是爱情的坟墓"的一个关键原因。

当然，这个游戏是双方共同完成的。一个心态健康的女子，看到一个忘我痴迷她的男子，尽管意识上可能会被他感动，但本能上觉得不舒服，觉得有些东西不对劲，并因而远离这个男子。但一个内心缺乏自爱的女子，由于过于警惕，难以相信一个男子的爱，她必须看到那个男子忘我的爱，才能放下警惕，才以为这个男子爱她。于是，被追求期间，她享受男人忘我的爱；关系确立后，她忍受男人"忘你"的折磨。

其实，假若用心去感觉，那么她会发现，这个男子恋爱期间的忘我本身就是有问题的，他看似在忘我地爱，但其实根本就不了解自己，他爱的只是他投射到自己身上的幻象而已。

这个道理，用到女子身上也是一样的。恋爱期间极其"忘我"的女子，一样容易变成爱人的地狱。

年龄越大，越懂得关爱

这句话建立在一个前提之上——人们都是爱学习、爱自省的。

然而，很可惜的是，相比之下，另一句俗话更准确——"江山易改，禀性难移"。

也就是说，一个懂得爱的人，会一直懂得爱；但一个不懂得爱的人，会一直不懂得爱。爱的能力，和年龄关系不大。

如果用内在关系模式的概念来解释，就很容易理解了。懂得爱的人，即"内在的父母"与"内在的小孩"相爱的人。不懂得爱的人，即"内在的父母"与"内在的小孩"不相爱甚至相对立的人。

恋爱，其实是将我们在童年时与父母等家人形成的内在关系模式淋漓尽致地投射到成年后与爱人的外部关系上来。这种投射是相当恒定的，与年龄关系不是很大。

一个内心较和谐的人，会愿意自省。于是，对这样的人而言，他的确是随着年龄的增长，越来越懂得爱。然而，一个内心冲突太激烈的人，会拒绝自省。对他而言，年龄越大，遭遇的爱情挫折越多，内心越自卑，越抵触反省，爱的能力反而可能越来越差。

对朋友越好，对我会更好

很多手册都提到，要看一个人，可以借鉴他与朋友或同事的关系。假若他与他们相处融洽，那么他就会与你相处融洽。

我一度以为这个说法是正确的。

然而，了解了无数爱情故事后，我发现，无论对男人，还是对女人，这一点的借鉴意义其实很有限。

因为，不管一个人看起来多么在乎他与朋友或同事的关系，这种关系所产生的情感深度，其实远不如情侣关系。于是，一个人在处理与朋友和同事的这类关系时，可以较好地运用理性，会控制自己的情绪。但是，在深度的情侣关系中，没有谁愿意控制自己。

所以，我们常看到这样的现象：许多人对配偶和孩子冷漠，对外人亲热。

这种现象看起来匪夷所思，但其实很好理解。因为对外人，他可以控制自己的情绪，在这种情感深度不强的关系中展示自己好的一面，但对亲人，他不愿意也没法控制自己的情绪，就展示了自己真实的一面。

于是，一些内在关系模式很糟糕，但又特别有心计的人，会出现极其可怕的分裂：在外面简直像个圣人，在家里却是一个不折不扣的暴君。

那么，该怎么去判断一个人？

其实很简单，就是根据你自己的感觉。如果这个人以前谈过恋爱，有过深度的亲密关系，试着去了解一下他在这个亲密关系中的真相。

如果他对外人很糟糕，但和亲人，尤其是配偶的关系平等而和谐，可以说，这个人的内心是比较健康的，他对外人的糟糕态度，改起来比较容易。如果这个人对外人很好，但和亲人的关系充满冲突甚至仇恨，可以说，这个人的内心是比较有问题的，并且改起来相当不容易。

他说我不行，那一定是他行

男权社会要求男人行，男权社会的女性也渴望男人很行。

尽管现代社会不再是男权至上了，即便有些女性自己很行，不需要男人太行才能生存了，但"男人相对行，女人相对不行"这种观念仍然深藏在我们的潜意识里。

男人让女人相信自己行的方式有两种：一是展示自己的优点；二是否定女人

的优点。

假若一个男人的内在关系模式是"我行，你也行"，那么，他会倾向于使用第一种方式，而较少使用第二种方式。

假若一个男人的内在关系模式是"我行，你不行"，那么，他会倾向于使用第二种方式，而较少使用第一种方式。

假若一个男人的"我行，你不行"的程度非常严重，那么他会将第二种方式当作常态方式，频繁否定自己所爱的女人。

有趣的是，在恋爱期间，很多女人因频繁被恋人否定而自信心受到很大打击，她们的想法居然是"既然你总是说我不行，那你一定行了，既然如此，我就靠你了"。但最后，她们发现，她们想依靠的男人会几十年如一日地否定自己，这时，她们有了愤怒，有了窒息感。

女人有时也会频频使用否定恋人的方式，但她们即便使用，一开始也是比较隐蔽的。相比之下，男人似乎获得了否定女人的资格似的。甚至，一些女强人对我说，假若她们的自信没被男人严重摧毁，她们对恋人会缺乏感觉，会觉得他们不足以让自己依靠。

所以，这也是一种双重奏。漫长的男权社会制造了这种集体无意识：女人就是不行，男人就是行。这就造成了在一个男人面前，如果女人产生不了"我不行"的感觉，似乎爱就难以产生。

男人多少都懂得这一点。于是，男人普遍习惯于否定女人，也习惯伪装得很行。并且，自己内心越自卑，就越伪装得"我很行"。他越伪装，就越要打压自己所爱的女人的自信。

然而，说"你不行"和"我行"并没有必然联系。

受过伤，会更懂得珍惜

很多男人发展新的感情时，常做的一件事是诉苦。他们将自己以前的感情描绘得那么糟糕，将自己的前女友或前太太描绘得那么可怕，于是作为倾诉对象的女人的母性被触发了。

并且，一些女人爱上这些男人时会想，他们既然受过伤了，那么会更懂得爱，更懂得珍惜我。

有时，女人也会向男人诉苦，而一些男人的保护欲望也被激发了。

然而，作为倾诉对象的人忘记了一点，倾诉者是自由恋爱，以前的恋人是他们自由选择的，他们应该为自己的选择负有至少一半的责任。

我们常讲，人应该吃一堑，长一智，但这只是愿望，事实是，具有这种宝贵素质的人总是少数，而多数人的人生总是在同一个地方摔跤，而且摔跤的姿势都一模一样。

所以，假若追求你的人，以前的感情生活一团糟，那么，他和你的前景更大的可能性也是一团糟，而不是突然变得更好。

除非这个人有这样的素质：他在向你倾诉时，很少描黑对方，而主要是在反省自己的责任。不过，假若一个人具备这种素质，你会较少听见他诉苦。

有时候，你会发现，自己和他以前的恋人迥然不同，似乎你有足够的证据显示，你与他，会和她与他是完全不同的。

从你所扮演的角色看，或从他所扮演的角色看，似乎的确如此。但从整个关系的角度看，这次感情和上次感情，其实是一回事。

一个女强人，操心前夫的一切，而她的容貌、收入和其他一切外在条件也都比前夫好。但最后，这个"没良心的"还是离她而去。他宁愿过着流浪汉一般的生活，也不愿意再回到她身边过锦衣玉食的生活。

这个女人大受打击，觉得自己很委屈，以前那么辛苦，但男人不买账。早知如此，何必当初？于是，她改变了择偶标准，以前她倾向于选择柔弱的男人，那样才能激发她的保护欲望，现在她想找一个可以依靠的男强人。

她身边的男强人不少，而她的条件也不错，找到一个可以依靠的男强人应该不是什么难事。对她而言，这看起来，事情完全不一样了：以前，她操心一切；未来，她的伴侣操心一切。

但是，从关系的整体上看，这仍然是一回事，以前是控制与被控制的关系，以后仍然是控制与被控制的关系。以前，她做控制者，她的前夫感觉到窒息，于是逃走了；未来，她做被控制者，就有机会去体会她的前夫所感受过的窒息感了——那时，她将和前夫一样产生逃跑的冲动。

这种简单的轮回，是一回事，都源自我们简单地将自己的内在关系模式投射到外部关系上。

譬如这个女人，她的问题首先源自其内在关系模式中的控制与被控制的程度太重了，她的爱情中也是如此。她有时以控制者自居，有时又以被控制者自居。但不管是做控制者，还是做被控制者，她都渴望有一个人操纵一切，而另一个总是服从。这种关系势必会出问题，控制方会觉得累，而被控制方会感到窒息。

假若她不改变自己的内在关系模式，那么她的爱情就会是一次又一次的轮回。

许多人和她一样，拒绝反省，拒绝改变自己，只是梦想着找到一个"正确先生"或"正确小姐"，但结果都是一样的。

有付出，一定会有回报

这种信念，放到事业上，基本成立，但放到感情上，基本不成立。因为我们常会看到这样的爱情：越付出，越没有回报。

在一个征婚网站上，我看到一个女子动人的个人说明，意思是，她会付出百分百的爱，而且不计较男子怎么做。我相信她说的是真的，因为她的脸上都写着那种为了爱不顾一切的神情。

我给她写了一封信，建议她不必这么百分百地付出，而且最好多少要计较一下男子对她的做法。

她最好这么做，否则一定会陷入不幸。

百分百地付出，看似非常伟大，但其实是一种很深的自恋。有这种想法的人，其实没有看到对方的真实存在，而只是自顾自地付出。她的付出是她自己的需要，未必是恋人的需要。

真爱是一定要看到对方的真实存在的，从而一定要看到对方的真实需要。要做到这一点，我们就得理解对方，能够放下自己，站在对方的角度，设身处地地为对方考虑。

然而，理解很难，而付出则相对容易多了，尤其是对于习惯了在自己原生家庭中付出的人，付出是他们的需要，是他们价值感的重要来源，是他们的强迫性习惯，想让他们不付出，反而成了难题。

并且，在感情中一味付出且对恋人没有丝毫要求，有时还隐含着这样的信息：我既然已经做得这么完美，我是问心无愧了，那么我们的关系中再有什么问题，都不是我的责任，而是你的责任了。

显然，这种信息中透露这样的含义：我是好人，而你是坏蛋。

这是一味付出者的潜意识深处的信息。因为这一点，这种绝对的好人，势必会找一个明显的"坏蛋"。例如，一个女子找了个酒鬼，她痛不欲生，求他去做心理治疗，他成功地戒酒了。随后，他们莫名其妙地离婚了，而她随即又找了一个酒鬼男人。这样她就又可以玩这种归咎的游戏："我做得这么好，而你这么糟糕，你还有什么好指责我的？"

所以，在爱情中习惯扮演绝对付出者的人，该好好反省一下，自己究竟在追求什么。

爱情是人生中的头号难题，是最大的快乐源泉，也是最大的痛苦源泉，所以围绕着爱情的危险教条非常多。我只写了七种比较常见的。不过，大家也不能将我的看法绝对化，否则它们也成了新的教条了。

我了解的所有爱情悲剧，都反映出两个信息：第一，危险的信号很早就被当事人感觉到了，但当事人没有尊重自己的感觉；第二，每一个自由恋爱导致的悲剧，都是自己的特定心理主动推动的，不管你看上去多么无辜，做得多么完美，你的爱情悲剧，至少有你一半的原因。

所以，一定要尊重自己的感觉，它比这些教条更真实、更可靠。

此外，一定要多从自己身上找原因，多反省自己，而不要总玩归咎于对方的游戏。

自省能力是最重要的人格特质。如果有人让我就"该找什么样的恋人"这一点提建议，那么我要提的第一条建议是一定要找一个有自省能力的人。如果一个人缺乏自省，拒绝自省，那么，他的那些看似美好的做法中，一定藏着危险的潜意识的陷阱。

最迷人的爱——绝望的爱

我的一位朋友 W，失恋后魅力四射。本来，他已经相当有男性魅力，但失恋后这种魅力似乎更上一层楼，经常将偶遇的女孩电得一愣一愣的。

我的女友说，他这是不断地在散发着性引诱的信息，这是他的魅力来源。

我直觉上觉得不是这样的，但这到底是怎么回事呢？我一时也有点不解。

也正是在那两天，在我主持的一个学习小组上，当一名女学员分享她的体会时，我觉得自己捕捉到了一点答案。

这次学习，是让女学员们分享，什么样的男人让她们来电，以及这些男人和她们的父亲有什么联系。上一周，我刚刚让男学员们分享了类似的心得体会。

一名女学员说："我从来没有对男人来过电。"

"这不可能，"我说，"你三十多年的人生中从来没有对男人来过电？绝对不是这样的，好好想一想。"

"真的没有过，"她一边说一边陷入沉思，突然间像想起了什么似的，"哎呀，我的确来过几次电，不过，每次我都会把来电的感觉迅速掐灭，所以在我的记忆中仿佛从来没有被男人迷住过似的。"

我问她，为什么将来电的感觉立即掐灭呢？

她回答说，来电的感觉太可怕了，那时她会极度在乎对方，无时无刻不在想着对方的一举一动，自己的快乐和痛苦都被对方哪怕很小的举动点燃，并放大到极致，她会觉得自己一下子消融了，不存在了。

所以，她绝对不要来电的感觉。

听她这样讲时，我刹那间领悟到，这也是她母亲的感受，而这也是她母亲为什么几十年如一日地贬低、攻击她父亲的根本原因。

对她们母女而言，爱上一个男人的感觉太可怕了，所以她们在恋爱时，会选择没什么感觉的男人。但是，即便没什么感觉的男人，如果相处久了，也会有爱意出现，而爱意即意味着那种可怕感觉的袭来，所以，她和她的母亲，都会在这时挑剔丈夫，不断批评他们的不足。通过这种批评，她们不仅在亲密关系中获得了一种优势地位，而且将自己心中涌动着的爱意抹杀了，那样就可以逃避爱意带来的自我消融的恐怖感。

自我消融的恐怖感，如果你没有经历过，那么你可以想象，你是一个极度害怕坐过山车的人，但你正在全球落差最大的过山车上，而且是俯视着，然后过山车将以极快的速度向下冲……

这一点也可以延伸到一切恋爱关系上。两口子经常吵架，或彼此蔑视乃至攻击，可能都有这样一个功能——防止去爱。

这时，我似乎明白了 W 的魅力来源，但那一刻的明白很难用语言形容，直到我突然间想起了自己的一段故事，才彻底明白了这一切。

我们惧怕全心全意的爱

那是读书期间，一段恋爱关系结束了，一种很自然的结束，不是我与她不相爱，而是因为客观原因，就那么结束了。

结束后的十几天里，我发现自己陷入一种奇怪的状态，好像自己的眼神平生第一次对女孩有了一种杀伤力。好几次，我走在校园里，走在街上，眼神扫过周围的人，总会有一个女孩被电得傻在那里。

我只有十几天有这种眼神，所以那时没想这是什么。但这次小组学习时，因为想起 W 的故事，还有这名女学员的分享，我再次体会到我那时的心情，发现了那时的魅力是什么。

那是一种绝望，同时又是一种渴望，但绝望在先，而渴望在后，具体的意思是："我虽然不相信爱情，爱情让我绝望，但我却爱你，你敢接受吗？"

我们内心都深藏着这样的想法，但平时我们既没有直接去爱的勇气，对爱的绝望也没有很深的体悟。而我那时的眼神和神情，或者更准确地说是整个的生命状态，会立即触碰到异性内心深处的这两种东西，况且当时我处于一种极端状态。所以，我会一下子将她们内心的这两种声音点燃——"爱是不可能的，但我渴望爱"，于是我仿佛有了很大的吸引力似的。

后来，我状态恢复了，心中重新对爱有了信心，而且觉得是很大的信心。有了这样的信心，无论生命受到什么样的打击，我都不会灭绝对爱的渴望，但这种对异性的魅力反而消失了。

灵性治疗师奥南朵在她的著作《对生命说是》中也谈到了这一点，她大意是说：

> 有两个男人同时爱你，一个是真心实意的爱，一个是放荡不羁的爱，你选择哪个？相信我，你会选择后者，我就是这样的。

奥南朵年轻的时候是超级美女,极富才情,家庭背景也很好,但这一切并不能防止她也有这样的内心——"爱是不可能的,但我渴望爱"。

当一个女子有这样的内心时,男人真心实意的爱,只会击中她内心的这一部分——"我渴望爱",而不能击中她内心的另一部分——"爱是不可能的",这反而会让她很不适应。

首先,她会不习惯,她会觉得形势失控了:"哦,这是真的吗?一个男人真的会全心全意爱我?"

其次,她会感觉到巨大的压力。她会想,自己配得上这份爱吗,自己有那么好吗。

最后,她可能会有我那名女学员的感受,来电,或者说爱的前兆,会让她自己瞬间崩溃。

这种崩溃,是虚假自我的崩溃。我们内心深处都有"我不值得爱"的自卑感,而当童年获得的爱的确很少时,这种自卑感会发展成巨大的不安全感或恐惧。为了防御这种不安全感或恐惧的涌出,我们会形成种种自我防御机制。但是,爱,不管是去爱还是被爱,其前提都是要突破这种自我防御机制,那时就会一下子被不安全感或恐惧感袭击,反而会觉得更恐惧。

这时,我们会认为是爱令自己恐惧,而很少想到,是自己心中本来就有如此深的恐惧。爱本来是可以治疗这种恐惧感的,但我们会因为害怕这种恐惧感,而紧紧地抱着自己的自我防御机制不放手,结果爱很难进入并滋养我们的心。

因为这样的内心,我们都陷入了一种怪圈,相爱,但爱似乎太沉重。所以,最好一开始彼此就知道这是一场不可能的爱,那时反而会爱得很投入。不过在投入时,也会一再体味爱的绝望感,看起来就像是对爱的绝望感上瘾似的。

很多电影中的经典镜头,都是在淋漓尽致地描绘这种感觉。譬如《蜘蛛侠3》中,当蜘蛛侠觉得与女友的爱陷入绝望时,他被黑蜘蛛附身,而后他有了非凡的男性魅力,在大街上和酒吧里将偶遇的女人们电得晕头转向。

黑蜘蛛，以前我觉得是攻击性的象征，但现在我想，这也是绝望的化身。发现与女友的关系似乎不可靠了，蜘蛛侠陷入一种绝望感，而后他的男性魅力反而被充分激发出来。

有趣的是，似乎大家都知道，这种男性魅力在过日子时是靠不住的，它只适合出现在偶遇中。写这篇文章时，我正在"艳遇之都"丽江，许多人来到这里找一段让自己回味无穷的艳遇，然后再回到自己的家里做一个循规蹈矩的好妻子或好丈夫。

丽江艳遇的魅力、蜘蛛侠的魅力、酒吧里的魅力、我失恋后的电力，其实都是在进行这样的表达——"爱是不可能的，但我就是渴望与你相爱"。

这样的表达，是自恋与受虐的极致。自恋，即我们深信爱是不可能的，所以你看我们的爱情不就是这样的嘛，我早就知道是这么回事，我是何等聪明，何等有自知之明啊！受虐，即明明知道这是不可能的爱，但自己就是要去追寻这样一种绝望的感觉，这种感觉令自己入迷。

信任就是万丈深渊？

要穿越这种对爱的绝望是很不容易的。例如，如果一对很有爱心的父母收养了一个备受虐待的孩子，如果他们一开始就给予他全心全意的爱，反而会遭到这个孩子的攻击。

对于这样的孩子，正常的做法是，最好一开始对这种绝望有所了解，一点点地接近这个对爱彻底绝望的孩子，那样他会一点点地放下戒备，同时一点点地确信爱真的可以发生。

完美的做法则是，任凭你如何攻击，我都无条件地爱你，那样你可能会在一瞬间放下所有的防御。

日本动画片导演宫崎骏在他的影片《风之谷》中刻画了一个画面：女主人公娜乌西卡尽管只是一个孩子，但已是完美的部落领袖。父亲的朋友带来一个小动物，娜乌西卡一看见就全身心地爱上了它，并去接近它，结果被它狠狠地咬了一口。娜乌西卡也感觉到疼痛，却丝毫没有动摇对它的爱，而且还深深地懂得它对爱的不信任。结果，就在一瞬间，它彻底相信了娜乌西卡的爱，变成了娜乌西卡的忠实朋友。

娜乌西卡不仅对这个小动物如此，她对所有的敌人，不，是所有将她视为敌人的人，都是如此，最后她也令他们都相信了爱的存在，从而使人类和地球同时得到了救赎。

但无论如何，在生活中，我们不能将得到救赎的希望放到别人身上，没有哪个人是可以救赎我们的娜乌西卡。

这也正是无数人际关系，尤其是亲密关系的问题所在。我们几乎总是将被爱的希望放到爱人身上，而造成了对方不能承受的沉重。尤其是，当我们将爱人视为娜乌西卡时，我们就会肆无忌惮地攻击对方，这样做，我们是希望爱人就像娜乌西卡对待那个小动物一样拯救自己。但是，一方面我们的攻击性远胜于那个小动物，另一方面爱人们的承受力远逊于娜乌西卡，所以最终会导致爱的进一步绝望。

作为治疗师，我也发现，不少来访者会期望我是娜乌西卡，好像假若我能够承受他们的痛苦，不光在咨询室中如此，在咨询室外也如此，同时我也能承受他们的批评、蔑视和攻击，那么他们就得救了。或者说，他们就可以真的相信爱的存在了。

自然，我也不是娜乌西卡，当遭到攻击时，我也如其他人一样感觉到程度不一的不舒服。不过，这种不舒服，会因为对来访者的理解而在程度上有所减轻。

一个很关键性的理解是，一位特别期望我是娜乌西卡的来访者对我说，她不敢信任我，因为信任就是万丈深渊。

我想，她和我小组中那名女学员一样。

从人生经历看，她们两个是因为童年时遭受了太多的痛苦，以致最后发现如果对爱先是抱有期望然后失去爱，那种痛苦远胜于彻底不相信爱。假若一开始就对爱抱着绝望的态度，那么失去爱时的痛苦会轻很多。

但现在我觉得，我们这种对爱的绝望，是非常普遍的。用人生经历来解释这种现象或许并不足够，它也许有更深的原因。

要爱，必须打开你心中的"圣地"

不管这更深的原因是什么，现实情况是，好像我们每个人都是爱的饿鬼，都是嗷嗷待哺的孩子，都在等着出现娜乌西卡那样的爱，然后才深信爱的存在。

所以，谁都不敢真正走向爱，谁都对被伤害非常敏感。

正是因为这样的心理，我们反而会把那种一开始就不可能的绝望的爱放在一个圣地上，而对现实生活这种真正考验爱的地方视而不见。

我的一位朋友L，对丈夫很不满，因她发现，不管她付出多少，不管她做得多么好，她的先生总是喜欢挑剔她。

和她谈话时，表面上看，她总是处在愤怒的状态里，但从感受上看却完全不一样，我总是感觉到一种心慌。

因为这种感受，我没有被她一而再，再而三的愤怒姿态所迷惑，相反一再将她拉回到这种心慌上来。

每次她都承认，的确是心慌，但心慌什么呢？她一开始不能理解。但当我最后一次指出她的心慌时，她突然领悟到："噢，我明白了，我是害怕丈夫会进入我心中的那块圣地。"

所谓的那块圣地，属于她的初恋。

对于她的初恋，我比较熟悉。那段爱情一开始就弥漫着绝望，而最后也果真成为不可能的爱，伤她很深。但对于这个不可能的爱，她却一直将其圣化，最后将其封存在心中，成为一块谁都不能进入的圣地。

这块圣地，其实不过是"爱是绝望的，但我在一段绝望的爱中体会过刻骨铭心的感受"的圣化。这种圣化，与大街上和酒吧里的女人们对蜘蛛侠的迷恋没有什么两样。

这也是欧洲文化中唐璜现象的原因所在。唐璜肯定不会和哪个女人在一起，但这个花花公子就是想和你相爱，而且还是不顾一切地相爱。这种绝望，这种不羁，给了女人他很敢爱的错觉，也给了女人敢爱他的错觉。

但如果没有一开始的绝望，也就没有了接下来的不羁。

与不羁的爱恰恰相反，现实生活中的爱一开始就建立在希望之上——"我要与某一个人好好相爱，过一辈子"。

然而，这种希望真可能实现吗？不可能！这种希望注定会失望，我们敏感的心最后都会受伤。

所以，最好在现实生活中麻木，最好变成只是过日子，那样就不会体会那种绝望了。同时，我们的心也会在过日子中死去。

怎样才可以不死去？我想，也许我们得去自己的内心寻找答案。

对我这位朋友而言，她对丈夫的愤怒完全是一个投射。本来，是她自己不相信爱，而且不把心对丈夫敞开，但她意识上看到的却是，丈夫总是批评她，丈夫总是不爱她。

明白了这一点后，她说，她以后会尝试将心对丈夫打开，而且她也意识到，将初恋那种不可能的爱圣化，是一件多么可笑的事。其实，这种圣化一直以来是一种无意识的行为，她是第一次这么深切地意识到它的存在。

我想，这种圣化并不一定就意味着那块圣地更重要，实际上，那块圣地的存在，或许只是我们将"爱是绝望的"投射出去的结果,而现实生活,恰恰是"可是我想爱"的这一部分的投射。

在现实生活中学习爱与被爱是相当不容易的,而在心中辟出一块圣地并将已经逝去的一段爱放在那里圣化,是相当容易的。前者能实现的是少数,而后者每个人都有。

种种人或事物都可以存放在心中的那块圣地,譬如娜乌西卡、刘德华、迈克尔·杰克逊、初恋等等。也有一些读者朋友将我放在这块圣地。

被放在这块圣地,看似一种荣耀,但其实与我无关,而且我惧怕在现实生活中与将我放在这块圣地的人相处,因为他们看到的不是我,而是一个他们投射出来的虚幻之物。

也是因为这个原因,很多人将生命寄托在政治、宗教、哲学、学术和事业等种种事物之上,好像这些都可以被安放在心中那块圣地。

但这块圣地是必须被打开的,也唯有此,我们才可能与爱人相爱。

每一次缘分都是一个功课

恋爱时，我们都想找到"正确先生"或"正确小姐"。然而，假若我们执着地认为，幸福就在于找对一个人，那么可能我们终生都找不到自己的答案。

相反，假若我们能明白，幸福在于内心的和谐，而外部世界都是我们自己内心的展现，那么我们可能会发现，原来答案就在自己身边，就是那个和我们一直厮守着的伴侣。

一天，在我的课上，一位男学员兴奋地走过来，说他有一个很重要的发现。

什么发现呢？我问他。

他回答说，他和女友（也是我的学员）刚刚做完了我布置的作业——用10个形容词描绘自己的个性，并找到这10个形容词的反义词，也就是自己个性的对立面。结果他发现，他就是女友个性的对立面，而女友就是他的个性的对立面。

这真是一个很好的发现，我问他对这个发现还有更进一步的感悟吗？

他说有。当发现自己和女友的个性互为对立面的那一瞬间，他终于明白，他们相爱的基点，也恰恰是他们冲突的基点，也就是说，他们相爱的原因，和他们相冲突的原因，是一回事。

具体说来就是，他想找一个和自己不一样的伴侣，这是他生命的渴望，而他果真如愿。一开始，他非常珍爱女友和自己不一样的地方，但时间一长，他开始厌烦女友和自己不一致的地方，并希望女友改变，结果起了冲突。

同样的，女友也有类似的心理转变，于是这冲突愈来愈激烈。

讲完这些后，他觉得有些纳闷：为什么他和女友因为不同而相爱呢？

他并非是在问我问题，而是在深思，但我还是禁不住回答说："因为每一个生命都渴望圆满。"

为何身边好多讨厌的"衰人"

我们每个人都有一套自我体系。在这套体系中，我们会认为，某些品质是好的，也即"好我"，某些品质是坏的，也即"坏我"。我们会执着于"好我"，并排斥"坏我"，不想让它表现在自己身上。

例如，节俭的人认为，节俭是好的，奢侈是不好的；善解人意的人认为，为别人考虑是好的，只考虑自己的愿望是不好的；开朗的人认为，乐观是好的，忧伤是不好的……

但是，从一个真正中立的角度看，这些品质无所谓好坏。奢侈似乎不好，但正是对奢侈的渴望创造了这个万花筒般的世界；只考虑自己似乎不好，但一个人只有尊重自己的愿望才会有强大的动力；忧伤似乎不好，但忧伤不仅有点诗情画意，而且忧伤是我们失去一些事物时的必然反应……

并且，任何一个人的自我都是非常有局限性的，说白了，每个人都是在自己的原生家庭中发展出自我体系的。在这个家庭中，如果自己节俭可以获得更多的爱与关注，那么自己就会形成节俭的习惯；如果善解人意可以令自己更受欢迎，那么自己就会形成善解人意的个性；如果忧伤会让自己获得更多怜爱，那么自己就很容易形成忧伤的个性……

这是对"好我"的执着与坚持。同时，我们还会排斥"坏我"，比如节俭的人自然会对奢侈有些抵触。

不过，这只是一个表面现象。我了解了无数故事后发现，我们之所以坚持"好我"排斥"坏我"，首先是因为恐惧。其实，我们身上仍然有对"坏我"的渴望，但我们不敢去发展这些品质，因为我们会认为，我们只有坚持"好我"才能获得别人的爱与关注，假若自己呈现了"坏我"层面的品质，就会被疏远、惩罚甚至抛弃。

以上这段文字可以概括成三句话：

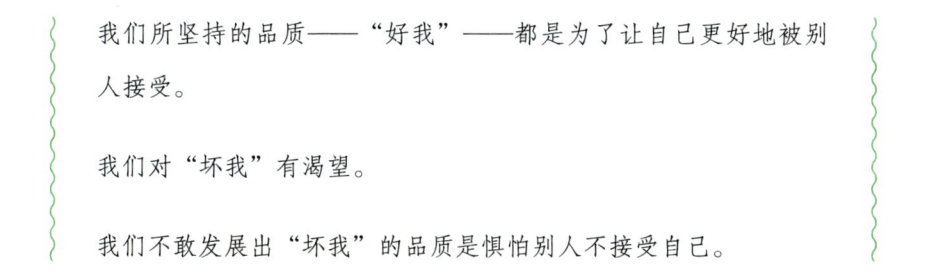

> 我们所坚持的品质——"好我"——都是为了让自己更好地被别人接受。
>
> 我们对"坏我"有渴望。
>
> 我们不敢发展出"坏我"的品质是惧怕别人不接受自己。

每个生命都是受局限的，譬如每个家庭都不一样，而我们每个人都在自己的家庭中发展出了一套独特的自我体系。意识上，我们认为自己的这一套玩意特别好，必须坚持，但潜意识上，我们渴望自由和圆满，我们渴望能吸纳那些不一样的品质。

对于很多人而言，他们不仅潜意识上有这种渴望，意识上也有。具体表现就是，他们欣赏与自己不同的人，乐于跟和自己不同的人交往。

但很多人对自己的那一套自我体系太执着了，意识上会排斥和自己不同的人，然而，他们的潜意识一定会驱动着他们去接近与自己不同的人。结果，这样的人在人际交往中常有一种困境出现，他们非常讨厌某种人，但这种人就是不断地出现在他们身边。

其实，这种人不断出现在他们身边是他们潜意识的渴望，是他们更深层的需求，因为这种人是他们新的功课，会教会他们学习接纳更多的东西。

通常，他们会不明白这是怎么回事，于是他们会去与这种人作战，努力把这种人从自己身边赶走。他们可以做到这一点，暂时战胜这些与自己不同的人。但从根本上而言这是没有用的，这种人一定会不断出现。

可以说，这是一个功课，他们只有学习接纳这些与自己不同的人，并在一定程度上学到其品质，这个功课才算通过。否则，这个功课会一直继续下去。

爱情出问题，不要在别人身上找答案

我的朋友 M 是一个特别愿意付出的人，却有着一段不堪回首的初恋。他的初恋女友 F 有才气，但性格古怪，而且极其自私，可 M 就是对她情有独钟。他回忆说，当时他看见她有点乖僻又有点骄傲的神情，就动了心，并暗暗发誓，一定要征服她。

他的征服进行得很顺利，因为 F 对他也很有感觉。恋爱初期，他们两人都非常投入，但随着关系的深入，M 内心的不满越来越强烈。他发现，女友非常享受他的付出，但她自己却从来不付出，而且她的要求越来越多，好像无论他为她付出什么都是理所应当的。

恋爱进行一年后，M 觉得身心疲惫，对 F 的愤怒已不可遏制，于是向 F 提出了分手。

分手时，M 还发誓说，他再也不会和 F 这样的人谈恋爱，他决心找一个和他一样愿意付出的人。

命运对他很慷慨，果不其然，他接下来找了一个女友 L，她比他更善解人意，更愿意付出。

L 的父母对 M 不满意，觉得他配不上自己的女儿，M 和 L 经过艰苦战斗，才终于走到一起。

但结婚后，M 发现，这是一场更可怕的噩梦，因为 L 的家庭是看似风光，但其实有着很多债务和不为人知的困难。要还这些债务，化解这些困难，他得付出比初恋多十倍的努力，而且还不一定有什么结果。尤其令他痛苦的是，他发现，妻子 L 的兄弟姐妹中有多名像 F 一样只索取不付出的人，不管他对他们做了什么，他们都觉得心安理得，心中没有一点愧疚。

他还发现，岳父大人是一个更厉害的付出者。如果说 M 的付出程度是 10 分的话，那么岳父的付出程度可以达到 20 分。这令 M 感到崩溃，同时他还逐渐明白了一点：他妻子的兄弟姐妹们之所以成为只知索取的"恶人"和"废人"，原因就在于岳父大人极端的付出。

和 M 聊天时，我问 M，这些遭遇让他学到了什么。一开始，他回答说，他得到的教训是，他应该和妻子离婚，最好先一个人生活一段时间，再考虑重新组建家庭，而且一定不要再找妻子这样的人。

我再问他，妻子是付出者，你要离婚；初恋女友是索取者，你也已分手。那么，你该找一个什么样的人呢？如果说，索取者不是你的"正确小姐"，付出者也不是，那么你的"正确小姐"该是什么样的人？

看起来，答案应该是一个索取与付出平衡的女子。但是，M 似乎又觉得对这样的女子没什么感觉，同时觉得自己也吸引不了这种平衡、灵活而相对健康的女子。

我继续问他，如果说，每一次缘分都是一次功课的话，他从这两次功课中学到了什么？

M 说，他已经有了经验教训：初恋的教训是，不要找一个索取者；这次婚姻的教训是，不要找一个极端的付出者……

我提醒他说，这样听上去，答案好像寄托在了别人身上。我说："原来你的人生幸福取决于找一个什么样的老婆，找到了就 OK，找不到就痛苦，而且痛苦的责任不在自己身上而在对方身上。"

这时，他才明白过来，说："我得改变自己，既不要继续做纯粹的付出者，也不要做纯粹的索取者，我要学会平衡。或者，我既可以做一个付出者，也可以做一个索取者，我可以选择。"

我们选择和谁在一起，一定有这样一个意思——我想成为他那样的人，或者更准确的说法是，我想拥有他身上的某些品质。

具体到 M 的故事中，他一开始选择和 F 谈恋爱，是因为超级付出的他，也想拥有 F 身上的那种品质——为自己考虑。

尽管在原生家庭中学会了用超级付出的方式赢得爱与关注，但 M 心中仍然有一种渴望，渴望有时候也可以只考虑自己一下。但是，他不能这么做，因为这样的话，他会在原生家庭中被排斥，所以他把这个愿望压了下去。但这个愿望不会消失，它只是被深藏在潜意识中而已。

M 对 F 一见钟情时，他被 F 身上的乖僻和骄傲吸引，而乖僻和骄傲的意思其实就是，我不必在乎你。

很多人的善解人意都藏着这个意思："我为你考虑这么多，你可不可以为我考虑一下。"所以，善解人意的人做事常常会有犹豫。

F 被 M 所吸引，也有着同样的意味。

F 看起来是一个极其自私的人，但她之所以形成这种品质，原因也是出自对父母的爱。可以推测的是，F 的父母中有一个人是超级付出的，其价值感就建立在为别人付出上，而 F 是为了满足父母的需要才成为一个只知索取不知付出的人，因为对她而言，当她索取时父母会亲近她，当她付出时父母反而会不知所措。所以说，她是用这种方式对超级付出的父母表达爱与亲近的渴望的。

F 一样是被自己的自我体系所束缚了，她潜意识深处也渴望自己能有善解人意的一面。所以，她也被 M 吸引。

当然，F 被 M 吸引，也是因为 M 能满足她索取的需要，如果碰到一个和她一样的人，她根本没有索取的可能，碰到索取与付出平衡的人，也一样是没戏。

但最终，F和M还是分手了事。分手其实是在说，超级付出的M其实并不能一直扮演付出的角色，超级索取的F也不能一直扮演索取的角色。他们应该彼此学习。

假若M学会了F的部分素质，可以适当地索取，而F也学会了M的素质，可以适当地付出，那就意味着，他们都通过了这一功课。

不过，通常而言，能通过这一功课的人很少，多数人反而之后对自己的逻辑更执着。M说，F后来几次恋爱都不顺，她发现自己再也找不到像M那样肯为她超级付出的人，所以一直对他念念不忘。

类似M和F的故事，我听了不知道有多少，这让我总结出一个规律：因为童年的某种痛苦，让我们有一种渴望，长大了，我们会追随这种渴望，而这种渴望总会实现，甚至被过度满足，但最后我们会发现，过度满足常意味着可怕的痛苦。

M的渴望是扮演一个超级付出者，而且他以此为傲，但F告诉他，真正成为一个超级付出者是非常可怕的遭遇。

与己不同的恋人是学习的对象

我有一个同学，觉得自己没有什么欲望，对这个世界要求很少，他的一个口头禅是"无所谓"。

不可避免的，他和一个要求很多的女孩谈起了恋爱。这个女孩有很多执着的要求，她从来不会说"无所谓"，而总是能提出一大堆理由，以说明她的要求是多么合情合理，而且如果她的要求不被满足的话，她会觉得很痛苦。

很自然的，他们两个在一起的结果是，一切都以这个女孩的要求为准，无论是吃饭、出去游玩、布置家居和交朋友等，都是如此。

这样相处两年后，他们因为一件不大不小的事情起了冲突，他要这样做，而她要那样做。一开始冲突很小，两人都说可以商量，但真正到了抉择的时候，两人都对自己的要求很执着。

这样较量了几个回合后，一天晚上他们再次因这件事情起冲突。我这个同学无意中回顾了两人两年多来的交往过程，发现自己心中有一种悲哀和强烈的不情愿，因为他发现，几乎在他们生活中的每一个部分，都是这个女孩的要求在占据着主导地位，而他的要求都被忽略了。

他并不怨恨女友，毕竟是他老说"无所谓"的。但现在他明白，他并不能真正做到无所谓。实际上，每次他的要求被忽视，他都有一点点怨气，两年来很多要求被忽视，就攒起了很多怨气。现在，他之所以对这件事这么坚持，是因为他再也不想"无所谓"下去了。

就这个话题，他和女友深谈了几次，过程很痛苦，但最后两人都明白，这是他们的一个功课。在这个功课中，他学习到，他要向她学习，要尊重自己很重要的要求；她则学习到，适当地说"无所谓"。

我想，这也是我课上的那位男学员和他女友相爱并相互冲突的道理所在。我们内心中都渴望圆满，所以容易选择和自己不同的人，这一点在恋爱中尤其常见。但同时，我们意识上又对自己的逻辑很执着，同时排斥别的逻辑，所以和不同的人在一起又很容易发生冲突。这时，我们需要做的，就是放下对自己自我体系的执着，而去向对方学习。

每个人的生命是一个轮回，你势必会发现，"不要在同一个地方跌倒两次"是一个不可能的任务，每个人的人生，就是不断在同一个地方以同一种姿势摔跤的历程。

同样的，每个家族的生命也是一个轮回。

命运之所以给我们这些轮回，正是为了让我们有机会通过这个功课。

好好想一想，你可以从你目前的功课中学到什么？

Part 2

难以避免的爱情战争

为何爱会伤人〔珍藏版〕

Kim 的拯救情结之真相

《南方人物周刊》给李阳的太太 Kim 做了一个很长的采访，她从自己的角度讲述了她和李阳的故事，并且有两点给我留下了很深的印象。

第一，她和李阳是从爱情开始的。

关于他们的婚姻，李阳很有名的说法是，这是一个实验，中美联合家庭教育的实验，他的孩子与实验用的小白鼠没什么两样。

但 Kim 说，他们是从爱情开始的，而且很俗套，是从李阳追求她开始的，一开始她没什么感觉，后来相处久了，才很深地爱上了这个男人。那时，李阳并非如他所说事业绝对放在第一位，而是两人一天有十几个小时在一起。

这是怎么回事？谁在撒谎？

我的关注点不在撒谎不撒谎这种道德问题上，而是联想到了一个很有名的心理学实验。

其实也不算什么实验，因为这个太简单，你也可以去做，就是观察幼儿园放学时孩子们的反应。

放学了，父母或大人们——最好是妈妈——来接孩子，你会发现，孩子们的反应有三种：

第一种是看到妈妈，立即放下手头的事，快乐地跑过去，扑到妈妈怀里。这叫安全型依恋。

第二种是没有任何反应，仍然一如既往地做自己的事情，对妈妈似乎没有丝毫的关注。这叫回避型依恋。

第三种是矛盾的，孩子这一刻会看一看妈妈，下一刻又去做自己的事，接下来又会看一看妈妈，而当妈妈抱他时，他既抵抗又想要。这叫对抗型依恋，或者说是矛盾型依恋。

李阳很小的时候与父母分离，而从各种报道看他的父母似乎也缺乏爱的能力，如此一来，李阳在婴幼儿时可能没有体验到足够的爱与温暖，因而形成回避型依恋。简单来说，回避型依恋就是冷漠。

从李阳的说法看，似乎他与 Kim 的爱情就是沙漠。假若真是如此，他们不可能开始。

所以 Kim 的说法更可靠，他们也是先有爱，但后来李阳陷入冷漠。冷漠即在说：我对爱没渴求，我根本不需要这个。

对爱渴求的时候，自己就陷入危险的境地——如果对方不爱我怎么办？

但当李阳陷入冷漠时，Kim 就变成了婴幼儿时期心尚未锁死的小李阳，不断发出对爱的渴求的信号，但不断碰到铜墙铁壁，而且是带锋利钢刺的。

不仅 Kim 陷入这一地步，他们的孩子也被迫陷入这一地步。李阳曾说，他们的第一个孩子两岁时他才第一次见到，什么时候出生的他都不知道。他其实是在说他自己,他三岁时才来到父母身边。

可以说,李阳与 Kim 现在的关系,就是李阳潜意识并不很深的地方的内在关系,无论李阳将自己弄得多封闭,他内在一定对爱极度渴求。Kim 想敲破他的铜墙铁壁,呼唤出那个内在,但是,她无能为力。

第二,Kim 终于决定要放弃了。

大致可以预料的一点是,当 Kim 真决定放弃时,李阳将变得真正疯狂,他那时才发现,这个家庭的解体,是他不能承受之痛。

不说李阳,还是说 Kim 吧。Kim 说,她爱李阳,一直想帮助他,"但是现在我认识到了,我改变不了他,我们之间的问题太大了,这份 12 年的感情我只有放弃了"。

放弃吧,早该放弃了。放弃,你既能救自己,也可能会救了李阳。通常一个人只有感受到巨大的痛苦才真正想改变,而与 Kim 和孩子在一起,李阳可以将自己受伤的内在小孩投射到她们身上,他就感受不到足够的痛苦。一旦这个关系结束了,这个家解体了,他的痛苦投射不出去,就会回到他自己身上,那时他才可能有强烈的改变动机。

以前老说改造梦想,似乎自己对这一点理解很深了,但最近一个来访者的故事让我对爱情中的改造梦想理解得更深了一步。

一位单身的男性来访者说,他参加一个单身男女聚会,其中一个女孩很吸引他。

"这个女孩是怎样的?"我问他。

他说了一些特征,其中一个是"看起来冷若冰霜,但我知道,她内心燃烧着对爱的渴求"。

"这一点很吸引你吗?"我再问。

他想了想说:"是,以前谈过的恋爱中,女孩们也都这样。"

"像你的妈妈吗？"

"像！"

如此一来，答案清晰了，他是想找一个像他妈妈那样的女人。他妈妈也是严重回避型的，没有给过他什么爱，他现在要再找一个妈妈，改变她，让她爱自己。

在对话过程中，他咳嗽了两次，而我的嗓子也差不多同时感觉痒。我请他将注意力放在嗓子上，问他："如果这个咳嗽能说话，它想说什么？"

他想了想说："我想对这个女孩说，我无比理解你，我想释放你的爱。"

他这样说的时候，我感觉到哽咽，感觉到想哭，好像这份哭憋了很久很久，但从未释放，现在终于有一点点要释放的感觉了。

不过，他说没有感觉到哽咽，也没有感觉到悲伤，只是觉得好想帮助她。

我想象自己是他，沉浸到这份痒中，再次感觉到哽咽，有更强的想哭的感觉，而且那一刻觉得自己是很小很小的孩子，嘴里喏喏地想说："妈妈，抱抱，妈妈，抱抱……"

我将这份感受说给他，他说："是啊，是啊，是这个样子。"

铜墙铁壁有一点缝隙的时候，打造这份铜墙铁壁的人尚不容易感受到自己对爱的渴求，所以看起来像是我走在了他的感受的前头。

这个故事真的很有意思，它是拯救梦想或改造梦想的深层真相。看起来，是他想拯救这个女孩，"释放她的爱"。这是真的，但更直接也更深处的真相是，"妈妈，抱抱，妈妈，抱抱"，这是一个婴儿对妈妈怀抱的渴求。

期待妈妈的怀抱，和改造梦想相比，是危险的，因为前者的主动权在对方手里，而后者的掌控权，在自己手里。所以，婴儿时的一个脆弱的渴求，变成了成人时一个强有力的诉求。

我想，这也是 Kim 的真相。

要激情，还是要安全感

> 我有一个配偶，我对他（她）很不满，他（她）太一般了，而我还有一个情人，他（她）真的很出色，我们很相爱，我很想和配偶离婚，和情人去过美满幸福的生活，但是，因为种种原因，我没有选择离婚。

经常有人对我讲类似的故事。最初的时候，我也有些纳闷，是啊，看起来他们的配偶真的很一般，而情人很出色，但怎么就是不能离婚而去过幸福美好的生活呢？难道真的就是因为他们所说的那些原因吗，譬如道德、父母、孩子、不想伤害配偶或其他稀奇古怪的理由？

最近，我对这一现象有了更深一步的理解，因为我的一个朋友给我讲了他的另一个故事——看起来似乎不相干的故事。

大学毕业以来，他一直做一个本职工作，但他从一开始就有兼职，到现在已经兼职多次了。兼职工作五花八门，但都比他的本职工作多姿多彩，而且挣的钱也都比本职工作多，但他就是从没动过辞去本职工作的念头。

为什么会这样呢？我这个朋友说，因为另一个朋友一句话的点拨，使他一下子明白，本职工作对他而言有非凡的意义。

那个朋友对他说："是啊，这么多年来，我一直都发现你不管兼职多出色，但你的心一直将本职工作当作第一位，好像本职工作是你的支柱似的。"

那一瞬间，他被击中了，也突然明白了本职工作对他的意义——安全感。

他说，因为小时候多次和父母分离，他要经常去姥姥家或奶奶家住，姥爷姥姥、爷爷奶奶及其他亲人对他都不错，但这种经历让他总是担心会被父母抛弃，也让他心中一直有一个黑洞，严重缺乏安全感。

他的本职工作类似于大锅饭，收入的确不高，但很稳定。这种稳定是他小时候缺乏的，也是他从小就渴望的。至于兼职工作，他虽然都干得很起劲，每次都会创造大大小小的奇迹，令同事和领导赞不绝口，但他对兼职工作从来都缺乏忠诚，并经常会因为很小的理由就辞去了本来已做得极好的兼职工作，无论单位用多么好的条件挽留都不能改变他的态度。

对此，他分析说，兼职工作令他的生命多了很多激情，而本职工作令他有了安全感。激情重要还是安全感重要呢？至少一直到现在，他深深地明白，安全感在他心中一直是排第一位的。

他的这番描述，令我想起了我们都会经历的一个阶段。当我们还是蹒跚学步的婴儿时，我们不管多么投入地探索世界，身边必须有一个大人，而且最好是妈妈。我们会偶尔回过头来看妈妈一眼，只要妈妈在那儿，我们就会继续投入地去玩耍。

如果只看表面，旁观者可能会觉得，这个妈妈对小孩并不重要，甚至小孩自己也可能会这样想。

但是，假若小孩一回头，发现妈妈不在身边，那么他很容易立即号啕大哭，哭着喊"妈妈"。

对于我这个朋友而言，精彩的兼职工作就像玩耍，就像探索世界，而本职工作就像是妈妈。

前面提到的那些老套的爱情故事，也有同样的模式。那个乏味的配偶，就像是妈妈，而一场有感觉的婚外情，就像是玩耍或探索世界，真正驱动它的，也许就是好奇。尽管可以爱得死去活来，但其实质或许就像小时候玩过家家一样，只是一场游戏。

并且，更为有趣的一点是，如果你有机会，去接触那个"乏味的配偶"，你可能会惊讶地发现，他（她）并不乏味，甚至在你看来有趣极了，可在当事人看来，其配偶却是那样乏善可陈。

真正的奥秘也许是，当事人创造了一个事实——将本来精彩绝伦的配偶变成了一个在婚姻中乏味的人。甚至，可能是当事人在想象中创造了一个事实：其配偶仍然是精彩绝伦，但其对那些事实视而不见，只能看到乏味的配偶。

出现这种局面，我想，一个重要原因是，我们无数人极其缺乏安全感，为了拥有"至少有一个人绝不会离我而去"的安全感，我们甘愿将那个最重要的人——配偶——变成一个乏味的人，那就意味着他（她）没有别人要了。或者，至少我可以将他（她）视为一个乏味的人，那我们就会觉得，这个没有人要的无聊家伙，怎么可能会离我而去。

这两种情形都很常见。我见到太多这样的故事——丈夫或妻子将他们的配偶努力变成一个乏味的、没有人际交往的人。

譬如男人可能会鼓励妻子，吃胖点吧，你胖胖的样子真好看，而妻子本来已胖得出奇了。其中隐藏的含义就是，妻子难看一点，离性感远一点，其他男人对她的兴趣越少，我就越安全。

妻子也可能在收到丈夫的这种信号后，自动朝这个方向转变。我认识多个美女朋友，本来亭亭玉立的她们，在确立关系或结婚后，开始缩肩弯腰，为的就是不给她们的丈夫制造压力，或减少他们的不安。

妻子可能也会玩同样的改造游戏，而中国的男人们似乎也很容易在结婚后变得不修边幅。

至于"将配偶想象成一个乏味的人"，这种游戏我也见到很多。譬如，一个家庭中，父亲是顶梁柱，是大公司的董事长，但母亲和孩子们都认为父亲实在乏善可陈。然而，当孩子们走出家门，通过其他人的视角看父亲时，才发现父亲在他们眼里是何等精彩。最后他们明白，将父亲视为一个乏味的人，是没有安全感的妈妈玩的一个心理游戏。

美国人本主义心理学家马斯洛说，生理需要和安全需要得到满足后，归属需要、自尊需要和自我实现的需要才能充分展现。以上这些故事，的确符合马斯洛的这个道理。

只是，和生理需要不同，安全需要常常是一个幻觉。我那个朋友，当他明白本职工作对他的心理意义之后，他第一次有了辞职的念头。他想，或许他可以在一个更为有趣的岗位上同时找到安全感和激情。我则对他说，家庭本身就可以像妈妈一样具有安全感，假若他和妻子的关系更和谐，那么家本身就可以满足他的安全需要，而工作更可能是满足探索世界的激情需要了。

至于"乏味的配偶"，我深信，只要两个人用心相处，那么慢慢会明白，没有哪个人真的就是乏味的，每个人都很精彩。

没有安全感毁了张柏芝的婚姻

一个晚上,和三位朋友聚会,我样貌普通,他们一男两女都是大帅哥大美女。

聊着聊着,那位大帅哥很有感慨地说:"我们就是太自信了,所以没有真正尝试过经营感情。"

经营感情,即知道感情并不仅仅是命运的恩赐,你会预料到感情出一些问题,而当问题出现时,你会有耐心地去沟通,去化解问题,于是感情可以越过一个又一个障碍,最终两个人拥有一份稳定而又高质量的亲密关系。

不会经营感情,就容易幻想"正确先生"或"正确小姐"的出现:我和这个人处不来,只是因为他(她)不是我的灵魂伴侣,如果我能找到一个正确的人,幸福就会瞬间到来。

经营感情其实是一种能力,它需要安全感做基础。安全感高的人自然懂得经营感情,而安全感低的人自然就倾向于逃避问题并幻想正确的人。

尤其是那位大帅哥,他看起来有足够的资本去逃避。他的自信是,因自身条件太好，有大把人盯着自己，如果眼前这个人与自己不够合适，可以轻松再换一个更好的，因而不必受"这个人"爱与不爱所困。

这不是自信，这根本是不安全感在作祟。

当内心有浓重的不安全感时，一个人就会将注意力集中在"不爱"的信息上，一旦嗅到"不爱"的信息，就会立即后退，并很容易在后退时做出严重伤害关系的行为。其实呢，这些"不爱"的信息，很多时候只是自己以为的"不爱"，准确来说是内心的不安全感向外投射的幻象，而不是事实，或者说，假若对方的"不爱"是10分，自己就会传出50分甚至90分"不爱"的信息来。

这样做，是为了追求一种掌控感："是我在控制着感情的进展，如果感情完蛋了，那也是我摧毁的，而不是你。"

如同晕车的人，如果是坐车，就会晕；如果是自己开车，就不会晕。

谁开车，谁就在掌控车，而有了一切都在掌控的感觉，就不晕了。晕，是掉入不安全感的一种副产品。

实际上，对于有浓重不安全感的人而言，突然掉入到真正的幸福里，也会有巨大的晕眩感，难以相信爱的到来，并会用各种各样的方法挑战对方，让对方不断给出爱的证明，好像只有这样自己才能确信这是爱。但这样做的结果很容易使对方感到越来越疲倦和厌烦，最后真的不再爱了。

这时，有浓重不安全感的人看起来受到很深的伤害，但他们内心会隐隐有一种胜利感："我早就知道这个世界是不存在爱的，爱都是骗人的，你看，这次不又验证我是正确的吗？！"

追求这种极具破坏力的掌控感，或许可以解释谢霆锋、张柏芝离婚风波中张柏芝的心理。

在大众看来，此次风波显而易见的源头是合照事件。张柏芝很巧地和陈冠希乘坐了同一个航班，两人座位本来有一段距离，但张柏芝主动找乘客调换座位，坐到了陈冠希身边，还拿自己的手机与陈冠希合影。

并且，我们大可以推测的一点是，很可能是张柏芝本人让谢霆锋知道甚至看到了这些照片。

如果谢霆锋还能承受这一点，那他也太包容，同时也可以说太奇怪了。

张柏芝的支持者为此祭出了"阴谋论"，说是谢霆锋的妈妈狄波拉将合照事件捅给了媒体，从而引爆了这场风波。

这真的很有意思，你不反思自己的偶像为啥拍照片，却攻击狄波拉将合照事件捅出来。

这也是不安全感太高的人的特点，他们第一时间想到的都是别人的错，而很难做自我反思。

在微博上，我写了几篇分析张柏芝和谢霆锋心理的短文，支持张柏芝的网友中，很多人的头像是小女孩甚至是婴儿。

安全感与不安全感，多是三岁前在孩子与妈妈的关系中形成的，而一个人如果没有形成安全感，那么他的内心中就有一股强大的力量，总渴望着退行到婴幼儿状态，继续在妈妈怀里吃奶。

并非只有十几岁或二十几岁的女孩才这样，我刚刚上过的一堂课上，两个男人，一个四十多岁，一个五十多岁，他们总是嘟着嘴。其中那位四十多岁的男士说，在他看来，所有的女人都是一个样，他看不到她们有什么差别。一位犀利的女同学说，是不是不管她们是谁，你都想扑到她们怀里去吃奶？他惊讶地说，是这种感觉，你怎么知道？

这样分析，就好像在说，合照事件是谢霆锋和张柏芝走到离婚这一步的全部原因，而张柏芝要负全责。

事实自然不是这样。我推测，在合照事件发生前，谢霆锋和张柏芝应该已经到了要离婚的边缘。并且，尽管不时吵闹要离婚的是张柏芝，但真正下了决心的却是谢霆锋。

打个比方，在他们的婚姻这条危险的山路上开车时，原来，多是谢霆锋努力将车开得平稳并朝安全的终点开去，而张柏芝却不时要闹一闹，比方说他要再给她买一个物业，比方说为什么他总是拍戏或总是玩电子游戏却不陪她，比方说他必须向她道歉否则她不让他见孩子甚至离婚，比方说他不听她的她就自残甚至自杀……

终于，谢霆锋疲倦了，怀疑了，并下定决心将这辆车开向悬崖。看到方向不能改变时，张柏芝突然抢过方向盘，并狂踩油门，将车一下子冲到了悬崖边——一点点回旋的余地都不存在了。

如此一来，亲手毁灭这辆车的，不是别人，而是张柏芝自己，由此她可以获得一点点对可悲命运的掌控感。

张柏芝的掌控欲望还体现在其他很多地方。

譬如金钱，张柏芝反驳说谢霆锋一方在污蔑自己，甚至她直接攻击这一切都是谢霆锋干的。对于没有安全感的人来说，要么是完全爱自己，要么就是恶魔，没有什么中间地带。"恶魔"一方给出的一个说法是，张柏芝让谢霆锋给她买了一个又一个物业，并想获得谢霆锋"PO朝霆"公司的股份。对于这个说法，张柏芝没有给出真正的回应。

是的，她回应了，她和她的支持者说自己绝不"贪钱"，并拿出一个又一个事实来支持自己的这一说法。然而，她从未正面回应说，她没有让谢霆锋给自己买一个又一个物业。

对此，我的推断是，张柏芝狂买物业和想获得"PO朝霆"一定股份甚至掌控权的传闻，很可能是真的。控制对方的钱，这是缺乏安全感的人常做的事情之一。父母严密控制孩子的钱，女人严密侦查丈夫的"私房钱"，都可以说不是贪钱，但这都是地地道道的控制，是对对方的伤害。

说"贪钱",就是道德和人品问题,而说控制,就是心理问题。当我们不能很好地理解一个人的内心时,就容易将事情朝道德上归因,但如果能深切地理解张柏芝有强烈的不安全感时,就可以懂得张柏芝的很多行为了。

张柏芝不安全感的另一个体现是,她指责谢霆锋"打机",即玩电子游戏而不理她和孩子。

这个问题看起来很不起眼,甚至被第一个透露出谢霆锋和张柏芝婚姻走到尽头的查小欣讽刺。她说,他不是找女人,只是"打机",连这你都不允许吗?

如果理解了张柏芝的不安全感,你就会知道,"打机"而不陪老婆,这样的小事可比买不买物业这样的事严重多了。

因为浓重的不安全感,张柏芝这样的人会在情感上极度依赖男人,她没办法承受孤独,她一定要两个人在一起的感觉。而明明是两个人,但那个人却宁愿打电子游戏而不陪她,将她一个人扔在孤独里,这种感觉是最可怕的。

无数中国女性将电子游戏视为头号情敌,原因就在于此。

在这场离婚大战中,如果说有什么策略的话,可以用我在微博上的一段话概括:

> 当你说A时,她说B;当你说B时,她说C。B和C对自己有利,但A和B就根本没有给予事实上的回应,只给了观点上的回应。这是张柏芝一方有意无意的策略。相反,当出现对谢霆锋严重的指责,譬如带按摩女回家,谢方会给予很清晰或很严厉的回应。

就拿物业一事来说,张柏芝没有回应有没有逼谢霆锋买物业的事实,而是回应了"贪钱还是不贪钱",并拿出了一个又一个事实来支持自己"不贪钱"。

这也是缺乏安全感的人吵架的常用方式,先说A,当A对自己不利时,转而说B,当B对自己不利时,转而说C……于是,本来只是说一些饭菜或做家务的小事,但结果是几十年的老账都翻出来了。

假若你陷入这样的争吵时，只需很淡定地仍然聚焦在事情 A 上就可以了。

以上是张柏芝的心理，至于谢霆锋，他自然也有他的问题，我在微博上概括说：

> 张柏芝和谢霆锋，也许在艳照门发生时就该分手。不过谢要做滥好人，他不能接受自己所爱的女人处在低谷时离开她，这时候他反而要表示更大的支持。和滥好人在一起，你会内疚，于是你抵挡内疚，而张柏芝恰恰是一个不容许自己内疚的人，结果内疚转成指责与要求。最终，两人越来越远。人不能勉强自己。

这是简单的分析，如果详细分析，那又要很多文字了，先不多说了吧。

最后想说，也许作为男人，尤其是一个被内疚折磨的男人，我在这篇文字中还是有了自己的成见，但大家姑且一听吧。

至于说如何改变，答案绝非是——谢霆锋要更加包容张柏芝，你看她的不安全感那么浓重，她多可怜啊。

相反，答案是，一开始在小事上，谢霆锋就要学习忠实地表达自己的情绪，尤其是不满。

对于张柏芝而言，她需要看到自己的不安全感。能化解她不安全感的，绝不是谢霆锋或其他任何一个男人，而是她自己。

支配与服从双重奏（一）

我们都想做好人，并想用好的方式对待某人。如果一个人越重要，我们就越会用自己所懂得的最好的方式去对待他。

然而，我们这个所谓的"好的方式"常常是有问题的。

并且，我们使用"好的方式"时，藏着一个逻辑：我对你这么好，你应当给予我回报。

对回报的渴望也不算是问题，但关键是，我们还渴望对方也用某种特定的方式给予自己回报。

如果对方不仅给了回报，而且还恰恰用的是自己所渴望的方式，我们就会觉得，这个人真爱自己。否则，我们就会失望，就会觉得对方对自己不够好，并生出想远离这个人的念头。

对方也会执着于类似的渴望。

当两个人的渴望相契合时，所谓完美的爱情出现了。然而，即便此时，这也不是相爱，而只是一种命运的偶遇而已。我们看见的，只是自己的世界，而并没有看到对方的真实存在。

更多的情况下，契合是不可能的，不管一个人多么爱你，他仍然不能如你所愿——自动以你所渴望的方式回报你的"好"。甚至，即便知道了你的渴望，他仍然不能甚至不愿以你所渴望的方式回报你。

因为，一旦这么做，他作为一个人的独立存在就不存在了，他就沦为一个工具，一个满足你的梦想的工具。

因为这个缘故，我们都渴望爱，都爱过，然而，要命的孤独却纠缠着这个世界上的绝大多数人。

雷子是我的一个好友，前不久，他从外地来到广州出差，我们一起聊天，谈到了他的爱情。

他刚遇到了一个女孩，两人的感情迅速升温。这让他有些畏惧，他生怕处理不好这个关系，以致重蹈覆辙。以前，他谈过不知多少次恋爱，但没有一个关系能持久。这看似浪漫，令别的男人艳羡，但他自己知道，这很痛苦。他其实很渴望拥有一个稳定的、高质量的亲密关系。

于是，他说他刻意地与那女孩保持距离。他告诉自己，少见面，多打电话，这样可以发展得慢一些。

既然如此，和她的电话就变得很重要了。最近有两次，他打电话给她，她都没接，直接给挂了，过了一会儿后再打过来，对他说，她当时一次在开会，一次在和老板谈话，事情很重要，所以她要那样处理。

雷子则说，如果换成是他的话，他会先接她的电话，并走到一边僻静处，简单聊几句后，再告诉她，他有公事，待会儿再和她详谈。

我则说，如果我是她，他这样对我说话，我会感到压力，并且略有不快。

"为什么？"他问道。

"因为，你没有理解我的方式的合理性，而是在诱导我以一种特定的方式对待你。"我回答说，"你这样做，是在将你的方式强加于我。"

在人际关系中，尤其是在亲密关系中，这种诱导无处不在。

如果用普通的语言来说，这种诱导是强加。如果用心理学的术语来说，这种诱导便是投射。

如果投射成功了，这个女孩下次果真以他所渴望的方式对待他，那么，这便是认同，即这个女孩认同了他的投射。

投射性认同——孤独的游戏

投射与认同，是人际关系中非常重要的心理机制，每一个人际关系中都充斥着大量的投射与认同。

一般情形下，我们尽管玩投射，也渴望对方认同，但对方并不是非得这么做不可。对方没有这么做，我们也不会太失望。

然而，有些人会特别执着，他投射时，抱着强烈的愿望，渴望对方必须以他所期冀的方式回应他，如果对方不这么做，他会严重焦虑，认为对方不爱他。这种心理机制，被称为投射性认同。

投射性认同是一种孤独的游戏。沉浸在这种游戏中的人，会比一般人更加渴望建立亲密关系，但他们在亲密关系中是看不到对方的真实存在的，他们只关注对方是否如自己所愿，按照自己所渴望的方式对待自己。

换一种说法，即玩这种游戏的人，只渴望他投射你认同，却拒绝你投射他认同。

这样一来，这个关系就失衡了。这样的人，他看似在乎你，但其实他在乎的是他投射到你身上的幻象，他会诱导你或强迫你以他所渴望的方式对待他，而你作为一个独立的人的存在，他会视而不见，他既不关心你的想法，也拒绝真正了解你。

和这样的人打交道，你会觉得特别受压制，因为你只有按照他所渴望的方式对他，他才会满足，除此以外的任何方式，他都不会满意。

投射性认同的游戏中藏着一个"你必须如此，否则……"的威胁性信息，它的完整的表达是："我以我的好的方式对你，你也必须以一种特定的好的方式对我，否则你就是不爱我。"

不过，玩这个游戏的人，通常只意识到前半句，即"我对你好，你也该对我好"，而没有意识到自己发出的威胁信息。但作为被投射者，你会清晰地感受到这种威胁，你感觉自己没有选择权，你不能按照你的意愿对他表达你的好，否则他会不满意，而且你还会付出代价。

投射性认同的游戏并不罕见，它有四种常见的类型：

> 权力的投射性认同。玩这个游戏的人，其内在逻辑是，我对你好，但你必须听我的，否则你就是不爱我。
>
> 依赖的投射性认同。其内在逻辑是，我如此无助，你必须帮我，否则你就是不爱我。
>
> 迎合的投射性认同。其内在逻辑是，我对你百依百顺，你必须接受我，否则你就是不爱我，你这个大坏蛋。
>
> 情欲的投射性认同。其内在逻辑是，我这么性感（这么有性能力），你必须满足并对我好，否则你就是不爱我，你这个性无能（性冷淡）。

权力的投射性认同与依赖的投射性认同相辅相成，是我们这个社会最常见的孤独的游戏。前者表达的含义是，我很强大，你很无能，你必须听我的；后者表达的含义是，我很无能，你很强大，我必须听你的。如果一个执着于权力游戏的人碰上一个执着于依赖游戏的人，两者会相处得比较默契。

依赖者的恐惧：独立是"坏的"

一个人之所以会形成顽固的投射性认同，和他的原生家庭的关系模式密不可分。

我们生命的一个主要动力是寻求建立关系，尤其是与人建立亲密关系。第一个势必会建立的亲密关系便是亲子关系，而我们最初也是在与父母的亲子关系中初步形成了"好"与"坏"的概念。

在亲子关系中，一个孩子会有这样的想法：如果某时父母愿意与自己亲近，他便认为这时的自己是"好"的；如果某时父母明显与自己疏远，他便认为这时的自己是"坏"的。

考虑到我们国家的父母普遍将听话视为孩子的一大优点，那么不难理解，在我们国家的亲子关系中，父母容易执着于权力的投射性认同：我对你好，但你必须听我的，否则你就是坏孩子。

相应的，孩子容易执着于依赖的投射性认同：我这么无助，你必须帮我解决一切问题，否则你就是坏父母。

如果父母特别执着于权力，那么这个家庭的孩子就会特别执着于依赖。他不仅在他的原生家庭是依赖的，到了学校、社会和爱情中，他也会沉溺于依赖的游戏中。

因为他潜意识中认为：依赖是好的，会促进关系的亲密；独立是坏的，会导致关系的疏远。

这在他的原生家庭是对的，但到了其他关系中，大多数时候都是错的。

这是我们所有人都要面对的问题。我们在原生家庭形成的"好"与"坏"的观念，到了家外面，都会有些不适应，需要及时调整。

然而，一些家庭中，父母与孩子的关系极其僵化，父母极其在乎权力，而孩子必须绝对听话。这最终会导致这个孩子形成非常顽固的依赖心理，等走出了家门后，不管现实状况多么需要他独立，他也丝毫不敢表达独立的一面。这不仅是因为他缺乏独立的能力，也是因为他潜意识深处相信，独立是"坏"的，如果他独立，就会导致关系的疏远，而如果他依赖，就会导致关系的亲近。

海灵格讲过这样一个寓言：

> 一头熊，一直关在一个极其狭小的笼子里，它只能站着。后来，它从笼子里放出来了，可以爬着走，也可以打滚，但它却仍然一直站着。那个真实的笼子不在了，但似乎一直有一个虚幻的笼子限制着它。

这也是我们每个人的故事。我们长大了，离开了家，但我们仍然一直待在一个虚幻的家中，并继续沉浸在从家中形成的逻辑里。

譬如，一个玩依赖游戏的男人，在家中，依赖可令父母对他更好，所以他会一直觉得依赖时的自己是"好我"，等他依赖时，别人就会亲近他。然而，当女友因厌倦他的依赖而表现出对他的疏远时，他会变得更加依赖。他这样做，是因为他潜意识上认为，他越依赖，别人会越亲近他。这种潜意识阻碍他如实地看待问题。

及时修正你的心灵地图

我们都执着在自己的逻辑上。并且，绝大多数人所拥有的只是一套逻辑。我们会自动认为，越危险的时候，我们就越需要执着在这套逻辑上，只有这样做才能拯救自己。

就如那只熊，以前，它在笼子里，假若挨打，它会尽可能地缩成一团，这样会让自己的痛苦尽可能地减少。等走出笼子后，再次挨打，它仍然只会缩成一团，却没有意识到，它可以打滚、逃跑甚至反击。

只有少数人会在遭受打击后，反省自己持有的那一套逻辑，调整它甚至放弃它，而形成一套更新的、更灵活的、更适合现实状况的生存逻辑。

对此，美国心理学家斯考特·派克称，你应当及时地修正你的心灵地图。

相对而言，依赖更多的是女性的特点，而执着于依赖的投射性认同的女性也远远多于男性。

譬如，一个非常有趣的现象是，许多女子结婚后变得不敢开车了，于是无论去哪儿都必须由老公开车陪着。

这常是依赖的投射性认同在作祟。这些女子的潜意识中认为，作为女性，依赖是好的，可以促进与爱人的亲密关系，而独立是坏的，会导致爱人疏远自己。

如果爱人恰恰是一个权力欲望很强的人，她们这样做就会导致皆大欢喜，男人尽管常常批评她们无能，但心里很享受太太离开自己就活不下去的感觉。

然而，一旦爱人不是这样的人，她们的这种做法便会带来很大的问题。

美国心理学家谢尔登·卡什丹在他的著作《客体关系心理治疗》中讲到了这样一个案例：

> 贝蒂娜以优异的成绩毕业于一所声望很高的大学，并且取得了艺术行政管理专业的硕士学位。她嫁给了一个电子机械师汤姆，有两个孩子。
>
> 贝蒂娜是镇议员，看起来聪明能干，显然有能力应对人生中出现的大多数问题，但除了家里的问题。只要是家事，不管多琐碎，如果没有丈夫的建议，她就不能做决定。譬如，家里一个水龙头坏了，她在给水管工人打电话前，一定会先给汤姆打个电话，征

> 求他的意见。
>
> 一开始，汤姆只是把这种行为当作小小的骚扰，但随着时间的流逝，他越来越厌烦和愤怒，并多次警告贝蒂娜，希望她不要这么做。贝蒂娜则在痛哭流涕后承诺改变，但最后还是回到原来的状态中。

这是两个人逻辑的错位。作为一个执着于依赖的投射性认同的人，贝蒂娜确信，要与丈夫关系亲密，关键是要说服他相信自己没有独立生存的能力，因此她陷入婴儿的状态，诱导并强迫丈夫来扮演照顾她的角色。然而，汤姆自己没有对权力的投射性认同，他并不享受一个大权在握的照顾者的角色，相反他觉得妻子不可理喻，因为她的能力那么出色，显然能轻松解决很多家事。

于是，当贝蒂娜依赖汤姆时，汤姆开始疏远她。但他越疏远她，她就会越执着于她以为的可以修正关系的"好的方式"，于是变得更依赖。这是无数亲密关系日益冷淡的一个秘密。我们说"相爱"，但其实只是试着将爱人拉进自己的逻辑，我们看不到爱人的真实存在，一如贝蒂娜就看不到丈夫对她的过分依赖的反感。

贝蒂娜的过分依赖让丈夫感到厌烦，这还只是这个关系的表面信息。这个关系的一个隐藏信息便是威胁，贝蒂娜每次上演依赖的游戏时，势必会传递"否则"的信息——"我这么无助，你必须帮我，否则你就是不爱我"。

一个婴儿的依赖并不容易让我们感到厌烦，因为婴儿的依赖是真实需要，他必须依赖我们的照料，否则他真的会死去。但一个成人的依赖，尤其是一个聪明能干的人的依赖很容易让我们感到厌烦，因为这不是他的现实需要，并且我们能切实地体会到一种压制。我们会感到，自己没有是否回应他的自由，而只能以一种被限定死了的方式——照料他——来对待他，否则就会遭到威胁。

接受独立的"坏我",走出依赖

我的一个朋友,她的家离单位很近,而男友的家则离她的单位很远。她常加班,会在晚上10点后下班。每当加班时,她会渴望男友开车去单位接她,把她送回家,然后目送她走进家门。当他这样做时,她心中会油然升起一种强烈的幸福感。

一开始,每次她加班时男友都会争取来接她,但后来,他觉得这样实在很不划算,因为她回家很方便,而他来一次很麻烦。于是,他和她商量说,能不能少接你一些,比方说,以前每次都来接,现在减少到一半的时间。

她也觉得自己好像有些过分,不得已勉强答应了,但刚答应的那一瞬间,她脑海里便闪过一丝念头:"他不爱我,是不是该分手了?"

这是一个经典的依赖心理机制。看起来,依赖者似乎柔弱无助,但其实依赖的背后藏着威胁的信息:你必须按照我所希望的方式对我,否则我就会考虑离开你。

这么小的事就令自己有了分手的念头,她吓了一跳,当晚便打电话给我。电话里,她反省说,她的依赖是爸爸培养出来的,爸爸有很强的控制欲望,可以为她和妹妹做一切,但她也分明感到,这种自我牺牲中藏着一个条件:你们必须听我的。

对于爸爸的控制欲望,她现在有了明显的抵触情绪。然而,恋爱时,我们会渴望延续过去的美好,同时修正过去的错误。所以,她既会渴望男友能包容她的独立倾向,同时也能在她渴望的时候满足她的依赖。

不过,明白了这一点后,她懂得这是自己的问题,而不是男友的问题,于是对男友的情绪便消失了大半。

一个执着于依赖的投射性认同的人,势必会有一个权力欲望超强的抚养者。

在健康的亲子关系中,儿童出现的自主行为是受母亲欢迎的,并且会受到表扬,但在不健康的亲子关系中,儿童的自主行为却会导致抚养者的打击,起码会导致抚养者疏远儿童。所以,在不健康的亲子关系中,儿童早早就发现,要想拥有与抚养者的亲密关系，他最好表现得虚弱一些，他越没主意，越无助，抚养者便会对他越好，和他越亲密。

这也是电影《孔雀》中的心理奥秘。《孔雀》反映的是一家五口的悲剧，老大一直被当作白痴，但后来才证明，他其实是最有生存能力的，他的白痴在很大程度上是伪装出来的。在这个家庭中，独立是坏的，越想独立的孩子越没有好下场，而依赖是好的，越傻的孩子得到的糖就越多，与父母的关系就越亲密。

又如贝蒂娜，她的母亲不停地告诉她要做什么，在她所有的琐事上都会提建议。并且随着她年龄的增长，母亲的控制不仅没减少，反而日益增加。显然，与母亲的关系让她学会了依赖，并对独立产生了恐惧，最终也将这一点带到了她和汤姆的关系中。甚至，她之所以嫁给汤姆也是母亲的决定。可以料想，这样的妈妈之所以会选择汤姆，一定不是因为汤姆独立，而是因为汤姆好控制。那么，贝蒂娜向这么一个男人寻求依赖，显然是找错了对象。

如果你是一个依赖成性的人，你渴望改变自己，那么，你不仅需要培养自己独立生活的能力，更需要去好好审视自己内心深处的逻辑。

当你这样做的时候，你势必会发现，尽管你意识上讨厌自己的依赖，但潜意识深处仍然将依赖当作了"好我"，一旦你渴望与某个人亲近，就会不自觉地扮演一个依赖者的角色。同时，你的潜意识深处将独立当作了"坏我"，你会恐惧自己的独立倾向，因为你的原生家庭的经历告诉你，一旦你想独立，你得到的是惩罚和疏远。

支配与服从双重奏（二）

<big>前</big>不久，一个朋友给我讲了这样一件事：

她和一对情侣朋友一起去吃饭。到了餐馆后，那个男子说"女士优先"，让她们两个点菜。

于是，她们两个选了几个菜。

但是，等服务员来后，这个男子却一一否定了她们选好的几个菜，说她们点的几个菜都不够好，然后点了他自认为"够好"的菜。

"这种人，真让人受不了。"她说，"既然你自己那么有主意，一开始你自己点不就得了，干吗还让我们费心思？"

听上去，她对他似乎很有情绪。但再聊几句，我发现，她和他其实是已经认识多年的朋友。

了解到这一点后，我说："OK，你先不要说他的其他事情了，我先对他做一些推测吧。"

她自然很感兴趣，于是我做了以下的推测：

第一，每次和他吃饭，他都会重复这个模式——先让你点，然后否定你，最后让服务员按他的意思来上菜。

第二，他决定了的事情，不管你怎么反对，他都会去做，和他在一起，你会经常觉得自己被严重忽略。

第三，他有特殊的优点——如果你需要帮助，他会不计代价地帮助你，热心程度堪称罕见，只是你会觉得他帮的好像不是地方。

第四，他常说类似下面的话：照我说的去做；听我的；就这样；遵从我的指示……

她说我的猜测差不多都对了，接着问我："你是怎么猜出来的呢？"

我回答说："这一点都不难，因为他属于支配欲望超强的人。以上我说的，不过是他们的一些共同特点，同时又糅合了你刚才说的他自己的一些个人特点。"

支配者常意识不到自己爱否定人

上文谈到，有些人会特别渴望别人按照他们所希望的方式给予回应，他们内心有这样一个绝对化的逻辑：我以我的好的方式对你，你也必须以一种特定的好的方式对我，否则你就是不爱我。

我们每个人都渴望别人，尤其是恋人或重要的亲人，以一种特定的方式对待自己，但假若对方不这么做，大多数人不会感到很失望，更不会因此就认为对方不爱自己。但是，有些人会极其渴望这一点，并将这一点绝对化。

在前文中，我主要探讨了依赖者的心理机制，现在，我将主要探讨支配者。前面提到的那位男士，无疑是典型的支配者。

支配者还可大致分为两种类型：赤裸裸的支配者，他们甚至不愿借用"我对你好"这个借口，而是直接表达"你必须听我的，否则我会让你付出代价"；温情的支配者，在表达支配欲望的时候，他们会使用"我是为了你好"这一借口。

很多支配者既是赤裸裸的，也是温情的。在某些人际关系中，他们懒得披上温情的面纱，而是直接使用其拥有的权力或暴力，迫使别人服从其意志。而在另一些人际关系中，他们则会温柔很多，在迫使别人服从时，会同时传递"我是为了你好"的信号。

譬如，有些人在工作单位是一个赤裸裸的支配者，但面对亲人时会表现得极有爱心和耐心，但不管多有爱心和耐心，他们一定会追求"你必须听我的"这个终极目的。

必须强调的是，当传递"我是为了你好"这个信号时，支配者自己意识上的确是这样想的，他打心眼里认为自己是为了对方好，但对自己习惯性地否定对方的意志缺乏认识。

所以，我对前面提到的那个朋友说，你一定会感觉自己常被他否定，但如果你拿这一点质疑他，他一定会说："不明白你在说什么，我哪里这样做过。"

她点点头说，她早就这样说过他，而他也正如我所预料的，根本不承认自己有否定别人的习惯。

支配者容不得别人小小的反抗

支配者的内在关系模式是强化版的"我行，你不行"，他会绝对地、一贯地认为"我行"，同时又绝对地、一贯地认为"你不行"。

若和支配者谈恋爱，那么，在最初的蜜月期，一些自我意识不是很强的人会有完美感。因为，支配者越认定"你不行"，他就越要展示"我行"，所以，他会尽自己一切所能，无微不至地照顾你。

胡茵梦在其自传《生命的不可思议》中写道，她和李敖刚恋爱时，他是天底下最会照顾女人的男人。那时，每天她一醒来，床头都会放着一杯牛奶、她爱吃的食物和一份她必看的报纸。

后来，她才明白，李敖这样做有一个前提——"一切事物在他掌控中"，一旦这个前提被打破了，他就是最不容人的那种人。

所谓"一切事物在他掌控中"，即他感觉自己绝对行，或者说，他的支配欲望得到了极大的满足，这时，他就会展示"我可以为你做一切"。

不过，支配者这样做时，他藏着一个假定的条件——"你必须听我的"，否则他们不仅会收回自己无微不至的照顾，而且还会施展出霹雳手段，以惩罚不听话的恋人或家人。

莎莎的例子正好可以说明这一点。她26岁，恋人比她大很多，而且极其能干，是那种大权在握的人，同时又极细心。

和她在一起时，他不仅在经济上满足她的一切需要，而且在生活上也包办了一切。譬如，烧菜、做饭、扫地等家务全是他操办，并做得极其出色。和他相比，她简直方方面面都很弱智。

不过，似乎是，她越弱智，他越爱她，而他也说过，他就是喜欢她傻傻的样子，那时他觉得她最可爱。

去年，他们有过一次比较大的矛盾，莎莎第一次非常生气，不打招呼便离开了他，失踪了几个小时。她希望男友继续发挥"我可以为你做一切"的精神，很紧张地去找她。没想到，他没任何动静，甚至连一个短信都没发给她。

最后，她慌了，自己又溜了回来。他看见她回来后，第一句话就是："我们不合适，分手吧。"

没想到结果会这样，她完全震惊了，赶紧央求他，希望他能原谅她的坏脾气。央求了很久后，他终于答应原谅她，但警告说："这样的事情不能再有第二次。"

不久以后，他们再次发生矛盾，她再次玩了一下失踪的游戏。这一次，他没有给莎莎任何机会，斩钉截铁地和她分手了。

对于这个故事，估计很多人会认为，这个男人真"男人"，虽然太狠了一些。

不过，我听了太多类似的故事，我料到，莎莎和他的故事不会就这样结束。

果真，"分手"半年以后，他又回来找莎莎，她仍然爱着他，两人立即又走到了一起。

重新到一起后，对于分手的事情，这个男人并没有说过一句话。莎莎也不敢提，怕再次惹怒他，但她很想问他："你为什么那么狠心离开我？你为什么又一声不吭地回来了？你到底是怎么想的？"

如果莎莎深切地懂得支配者的内心逻辑，她就可以轻松明白一切。

作为一个极端的支配者，这个男人把"我对你好""你必须听我的"和"否则我会惩罚你"这三点都发挥到了极致。

当莎莎表现得"我彻底不行"时，他最爱她，对她的好简直无可挑剔。

然而，这种好，是要莎莎以"必须听我的"作为交换的。莎莎那两次失踪的小小把戏，挑战了他的支配欲望。在别的男人看来，莎莎这两次小小的失踪算不了什么，他们不仅不会生气，反而可能会对她更好。

但是，这个男人的支配欲望太强了。在这两次事件中，莎莎表现出来的对抗严重刺激了他的支配欲望。为了捍卫他的支配欲望，他接下来便实施了恋人间最极端的惩罚——"我和你分手"。

不过，这只是他的惩罚手段而已，他并不是真正想得到这个结果。所以，熬了半年后，他又来找莎莎。

显然，和莎莎在一起，才是他最核心的愿望，只是，他希望在达成这个愿望的同时，莎莎还能满足他的支配欲望。如果两个愿望发生了冲突，他便会采取一些手段来保护自己。

如果莎莎明白这一点，就可以在他回来时，坚定地抛出自己心中的那几个问题：你为什么离开我？你为什么又一声不吭地回来了？

这时，饱尝了分离之苦的他，就可能适当地反省自己，并多少会改变自己，放弃自己的一些支配欲望。

莎莎和其男友是一个严重的依赖者与一个极端的支配者的故事。他们都有自己的问题,但他们的问题又可以相互匹配,所以可以相处得很不错。

然而,他们的故事也说明,一个支配者与一个依赖者,不可能永远相得益彰,当支配者感到厌倦,或依赖者想走向独立,他们的关系就会受到极大的挑战。

相比这种极端的故事,生活中更常见的是一般的支配者与一般的依赖者的分分合合,看似不激烈的支配也常导致更可怕的结果。

彻底被控制的结局常是被抛弃

于小姐是一名白领,自从毕业以来,一直在一家效益中等的私营企业工作,而她的丈夫曾先生则是一名公务员。年前,曾先生坚决要和于小姐离婚,理由是他认为她心中已经没有他了,既然不爱了,就不必非得在一起了。于小姐不愿意离婚,说她愿意做很多努力来改善他们的关系。但是,曾先生说,他已经很累了,不想再做任何努力了。

和于小姐聊了很久后,我发现,他们八年的婚姻分两个阶段:前五年,是于小姐觉得很痛苦,但曾先生比较满意;后三年,是于小姐觉得不错,但曾先生非常不满。

到底发生了什么呢?

于小姐回忆说,前五年,他们是男人当家,丈夫要求她把所有的收入都交给自己来管,她需要什么,和他商量即可。他认为,既然是一家人了,钱就应该放到一起,怎样花,两个人商量着来。

于小姐认为,丈夫这样说应该是认真的,因为他是一个很顾家的人,计划性很强,而且从不乱花钱。大多数情况下,他们的意见也能达成一致,但他也没少让她尴尬。譬如，单位安排他们旅行，他如果不给钱，她就没法去；朋友们一起聚会，如果他不给钱，她就没法参加；有时想买一些服装和化妆品，他会觉得奢侈而不赞同。这些会让她伤心。

并且，曾先生很不愿妻子和其他人交往，他既阻止妻子和异性朋友、同事来往，也常阻止妻子和同性的朋友、同事来往，甚至还不愿意她和自己的亲人来往。"我感觉，他好像希望我斩断一切人际关系，最终我的世界里只有他一个人。"于小姐说。

前五年，于小姐因不想吵架，所以一直忍让丈夫。但第五年时，她突然发现，自己的性格发生了巨大改变，以前活泼开朗、朋友很多的她，现在居然整日郁郁寡欢，而且连一个能说得上话的人都没有了。

她觉得这种状态很压抑、很恐怖，决定重新过回结婚前的生活。于是，尽管丈夫激烈反对，但她坚决恢复了以前的生活方式：经常出去旅游，经常和同事或朋友们在一起。同时，她的性格也恢复过来，她重新变成了以前那个爱说爱笑的女人。

这时，她分明感觉到，自己终于又做回了自己，这种感觉真好。但丈夫显然不能接受这一点，他感觉他们两人的心越来越远，所以坚决提出了离婚。

从大二开始做电话心理热线一直到现在，这样的故事我听了估计不下一百个了，简直是一个模子里刻出来的：男人掌握金钱的管理权，男人希望女友或妻子最好既不和朋友来往也不和亲人来往……

作为男人，多年以来，我一直不明白，这一类型的男人到底是在干什么。原来我以为，这样的男人醋意太大了，但他们限制女人和自己的亲人交往，实在是没有道理啊。

后来，看了美国女心理学家帕萃丝·埃文斯的《不要控制我》一书，我才彻底明白：这样的男人是在做洗脑的工作，将自己所爱的女人的意志洗去，然后将他心中的一个女性形象加在爱人的身上。并且，他们所幻想的这个女性形象都有一个共同点——永远知道他在想什么，永远不会违背他的意志。

但是，这样的努力一旦成功，其结果是，女人的意志彻底被爱人洗去，变成了一个绝对被他控制的玩偶。这时，男人会发现，即便如此，这个女人仍然不是他所幻想的那个女性形象。所以，他会抛弃这个女人，转而去找一个新的有独立意志的女人，继续玩洗脑游戏。被抛弃的这个女人，就会变得凄惨无比，因为她的独立生存能力随着她的独立意志一同丧失了，而再失去这个男人，就意味着她失去了所有的一切。

最近，在广州电视台《夜话》节目组，我几次见到这样的女人在家人的陪伴下来求助，她们的神情总是令我想起木偶，似乎没有了任何活力。

支配欲太强的男人会给女人洗脑，而支配欲太强的女人一样也会给男人洗脑。并且，洗脑成功后，这样的女人会更失望，因为尽管她们是女强人，但仍然会和多数女子一样，渴望男人能让她们依靠。所以，当看到自己的丈夫已没什么独立能力和独立精神后，她们会非常痛恨这一点，整日斥责他们没本事，但她们没有想过，这样的丈夫，也是自己塑造的结果。

一次，我和一个大公司的女高层聊天，她说她的丈夫现在对家庭的贡献简直是零，甚至是负数，因为他只能带来麻烦。然而回忆过去，她发现，她喜欢的男子都有两个特点：年龄比她小，没有个性。

为什么会喜欢这样的男子呢？最明显的答案是，这样的男子好支配。

为什么一些人会如此渴望支配恋人呢？美国心理学家谢尔登·卡什丹在《客体关系心理治疗》一书中总结了两个常见的原因：

其一，这样的人童年时，和父母的关系是颠倒的，即他们的父母是脆弱的依赖者，不仅不能照料孩子，反而要孩子来照料自己。因此，孩子很小的时候便成了一个大人，并从照料及支配父母的过程中获得了自己最初的价值感。长大了，他们便渴望重复这种关系模式。

其二，他们曾与妈妈有严重的分离，或者妈妈对他们的照料严重欠缺，这让他们对现实妈妈极端不满，而在心中勾勒了一个永远不会离开自己的爱人形象，长大后，一旦爱上哪个人，他们便会把这个形象强加在那个人身上。因为他们童年时严重受伤，所以他们极其惧怕分离，而恋人的任何独立意志都会令他们担心分离，所以他们会尽一切努力打压恋人的独立意志。

帕萃丝·埃文斯在她的著作《不要控制我》中描绘了大量这样的个案，如果你正受着类似问题的折磨，那么，无论你是折磨别人的支配者，还是被支配者折磨的对象，这本书都值得一读。

在我看来，每个人都有支配欲望，都渴望将自己的意志强加在爱人身上：支配者是主动地强加，而被支配者则是委婉地强加。我们都不容易看到并尊重恋人的爱的逻辑，相反我们都执着在自己的爱的方式上，并认为这是唯一正确的，这就导致了孤独，并且越相爱越孤独。所以，这是一个普遍问题。

此外，在支配与被支配上，有明显的两性差异。因为种种原因，男人的支配欲望常被美化，或起码被合理化，而女人被美化的则是依赖和服从。人类历史上这么多年以来一直如此，所以，男人普遍会喜欢依赖型的女人，女人则普遍会喜欢支配型的男人，而这一倾向会一直诱惑男人发展自己的支配欲。

帕萃丝·埃文斯还认为，男人超强的支配欲和女人超强的依赖性，其背后都有一个共同的原因：恐惧。

恐惧什么呢？分离！意思是：男人认为，支配是好的，支配欲强的男人才会得到女人的爱，才会保证女人不离开自己；女人则认为，依赖是好的，依赖性的女人才容易得到男人的呵护，才会保证男人喜欢自己。

不过，这种恐惧源自过去，要么是人类几千年乃至几百万年的历史，要么是一个人童年时的历史，它过去曾经是有用的。但现在，假若它正伤害着你最在乎的亲密关系，那么你应当去重新认识它，并改变自己的关系模式。

夫妻吵架：隐秘的权力斗争

能将自己的意志强加在别人头上，这就是权力。对方越不情愿，越能表明强加者的权力。

依照这个定义，权力几乎无所不在，它绝不仅仅是政治斗争或公司竞争的产物，而是存在于一切人际关系中，最亲密的情侣关系和亲子关系概不例外，甚至关系越亲密，权力斗争越激烈。

譬如，夫妻吵架就是一种隐秘的权力斗争。

夫妻吵架中最令人不解的是，引起争吵的源头，多是很小的事，却常常引起很大的反应。

很小的事，引起很大的反应，这种明显的不匹配，是怎么回事？

如果把很小的事，理解为寻求权力，那就很容易理解了。

我常听到这样的事：丈夫要妻子做一件事（或者妻子要丈夫做一件事），譬如换窗帘，妻子忘了，或没有按照丈夫的意思去做，丈夫大发雷霆，并持续唠叨了几天，直到妻子百分百按照他的意思去做了，他才停止了唠叨和愤怒。

这种事情中，丈夫之所以大发雷霆，是因为他的意志没有得以实施，他希望妻子按照他的意志去行事，但妻子没有做到，他因而情绪失控，并施加很大压力，让本不情愿的妻子按照他的意志去做事，这是不折不扣地在寻求权力。

寻求权力，也即权力欲望，而权力这个词很容易让人联想到邪恶。那么，它可以换成另一个词——控制，权力欲望也即控制欲望。控制欲望强烈的人势必会努力寻求权力，也即千方百计地将自己的意志强加在别人头上。

有时，这种强加的方式非常明显，而且目的明显有问题，于是我们立即会想到权力，并产生抵触情绪。有时，这种强加的方式非常隐秘，而且目的看起来非常好，于是我们就会这样说："目的很好，方式不对。"

其实，有问题的手段，在我看来，势必意味着目的本身就有问题。

李阳和下跪校长都在寻求别人的服从

曾经有两起特别有名的下跪事件，一起是"疯狂英语"的创始人李阳在包头让约 3000 名中学生集体下跪，一起是海南省某中学的校长周常德给自己学校的学生下跪。

李阳作为老师让学生下跪，周常德作为老师却给学生下跪，这两起下跪事件形成了一种鲜明的对比。不过，这两起事件中，至少有一点相同之处，那就是下跪的名义——也即目的——听上去都很美。

李阳让学生下跪的名义是感恩，他认为要感谢师恩，就应当使用这个"最古老、最虔诚"的方式。他接受采访时还宣称要极力恢复跪拜礼。周常德给学生下跪的名义则普通一些，他称"下跪是一种工作方式"，因为其他工作方式不能达到管理学校的目的，他才使用了这一特殊方式。

这两起事件，很容易被认为"目的很好，方式不对"，但在我看来，这两起事件的目的一样有问题。

什么问题？即权力。

权力不是别的，就是让别人听从自己的意志，越多的人听从自己的意志，就证明自己的权力越大。

包头下跪事件发生后，李阳对记者说："下跪的照片是真的，我已经习以为常了，学生下跪是对老师的尊重，过几天我还要去成都讲课，相信可以让成都最好的中学的全体学生下跪。"

这句话透着一种强烈的自大和自得的意味儿，当李阳说这句话时，他其实是在说，"我可以让成都最好的中学的全体学生执行我的意志"。

这是再明显不过的权力欲望了。评论家在评论这一事件时，都嗅到了其中的权力意味。

相对于李阳事件，周常德向学生下跪一事中的权力意味更加隐蔽。在接受记者采访时，周常德列举了学校的一系列困难。他说，自己是迫不得已，最后用了这一特殊的工作方式，但他又说，一天早操，他看到一个班的队伍不整齐，给他们训话，说到动情处就跪了下来，目的是"想让他们改过来"。

显然，他下跪的方式和这个情景是不匹配的。他也承认，这个班并没有乱到"大闹天宫"，课都上不下去的份上。那么，他为什么要采取这么特殊的方式呢？

这么特殊的方式，显然是一种巨大的压力。我作为一校之长，给你们毛头孩子下跪了，你们还不理解我的良苦用心吗？你们还不接受我的意志吗？

看到这个事例，我想起一个朋友的故事。她母亲要求她每天晚上必须8点前回家，而且工资也掌管在母亲手中，她已26岁了还是如此。她很希望像一个成年人一样做事，有自己的独立空间，晚上有些应酬，但她不敢，因为她怕母亲伤害自己。以前她有过一晚8点后才回家，母亲没责骂她一句，只是痛哭流涕，自己扇自己的耳光，脸扇出血来都没停止。这个情形吓坏了她，她从此以后再也不敢违背母亲的意志。

这位母亲扇自己耳光和校长向学生下跪，都有同样的含义：我都把自己伤害成这样了，你还不听我的，你真是个坏蛋。

任何关系中都会出现一些问题，有了问题就要沟通、交流，最终导致关系向某个方向转变。但是，这位校长和这位母亲没有去做足够的沟通和交流，而是直接使用自我伤害的极端方式，迫使对方接受自己的意志。这是一种要挟，其中隐含着权力的味道。

每一件小事都是争夺控制权的战场

目的很好，方式不对，这句话如果用心理学来说，其实就是"意识层面是好的，但潜意识层面是有问题的"。

因此，所谓的目的与方式的分裂，其实是意识与潜意识的分裂。所以，当你的某种方式对别人造成了伤害，你的那个方式一定透露着你的潜意识层面的一些隐秘的东西。

人际关系中，最常见的隐秘内容就是控制欲望。帕萃丝·埃文斯在《不要控制我》中写过这样两个例子：

> 一天早上，杰克打算去买他最喜欢的周报，出门看了看天，感觉有点凉，回头就对妻子婕喊道："该死的，给我衣服，快点！"
>
> 有个男人说："咱们去吃中国菜吧。"
>
> 妻子回答说："好呀，"但是接着问道，"你想去饭馆吃，还是把它带到家里吃呢？"

> 这时，他可能感到相当尴尬，因此厉声说道："你为什么要把问题想得这么复杂？"

这样的例子比比皆是，许多激烈的吵架就是由这种再琐碎不过的事情引起的。而且，这些吵架所隐含着的意思都是一样的："你难道不知道我需要什么吗，为什么不乖乖地听我的？"

在健康家庭长大的人，可能无法理解以上两个例子中的丈夫为什么那么奇怪。然而，这样的事情是非常普遍的。很多夫妻吵来吵去，其实就是在争取这样一个结果——"你什么都不懂，你什么都做不好，所以你什么都要听我的"。

一个人越渴求这样一个结果，他就越容易把每一件小事都变成一个战场。对他而言，任何一件小事都是一场必须打赢的战争，他必须让配偶在每一件小事上听从他的意志，他会觉得，自己的确控制住了局面。

他这么渴求控制配偶，进而彻底在这个亲密关系中占据制高点，其原因常常是，以前在原生家庭的亲密关系中，他没有占据制高点，相反，他老被其他亲人控制，或曾被严重伤害过。

埃文斯喜欢用"泰迪幻想"来分析控制欲望。在北美，泰迪熊是很流行的玩具。假设有这样一个小男孩，他的家庭中有四个重要成员：爸爸、妈妈、他和泰迪熊。他必然会和泰迪熊有这样的幻想中的对话："我要出去玩了，你乖乖地在这儿待着。""我回来了，你真乖啊，一直在这儿等我啊。"

泰迪熊是不能动弹的，也不能说话，于是，这个小男孩可以把自己对一个稳定的"爱人"的幻想完美地投射到泰迪熊的身上，这个泰迪熊会百分百地按照他的幻想和他"互动"。

长大以后，这个男人就会把泰迪熊投射到恋人身上，期望着恋人能像泰迪熊一样彻底地遵从他的意志。

恋人自然和泰迪熊不一样，因为她能走能跑能说话，而且更要命的，她是一个独立的人，一定会有他所不能预测的言行和想法，这一切都会颠覆他的"泰迪幻想"。这时，他就会产生情绪。如果"泰迪幻想"对他极其重要，那么他的情绪就会极其强烈。

适度的吵架也是正常的磨合

在一个健康的家庭，父母爱孩子，而且和孩子的关系很稳定，给孩子足够的安全感。那么，父母就是最好的"爱人"。一个男孩尽管喜欢泰迪熊，但不会把它当成重要的依恋对象。相反，在一个病态的家庭，或很不稳定的家庭，父母要么不爱孩子，要么与孩子的关系很不稳定，结果这个孩子就会经常遭遇伤害，他就会特别缺乏安全感。他与现实的"爱人"的关系常是病态的、凌乱的、不能把握的。这时，泰迪熊就会成为他无比重要的依恋对象。父母越不爱他、越不可靠，这个泰迪熊就越重要，他心中的"泰迪幻想"就越强烈。

泰迪熊也可以换成其他玩具。甚至，有的孩子可能什么玩具都没有，那他就会幻想出一个"爱人"来。

不管是泰迪熊或其他玩具，还是纯粹幻想中的"爱人"，这些形象都有一个共同的特点：没有独立人格，必然彻底听命于他。

小男孩如此，小女孩也一样。所有在严重缺乏安全感的环境下长大的人，头脑中都会有一个自己可以操控的爱人原型。这样的人长大后，就会将这个幻想的"爱人原型"投射到真实的爱人身上，于是本来是想操控一个幻想的爱人，现在变成了操控一个真实的人。

这种操控愿望会渗透到生活中的每一个角落，然而，没有谁愿意被操控，于是吵架成了两个控制欲望比较强的情侣的家常便饭。

假若两人主动发起吵架的次数基本相当，那么就是两人都在争夺这个亲密关系的权力制高点。并且，在这样的关系中，两人要么彼此不能忍受，于是分手，要么就会争吵一生，谁也没有控制住谁，但这个控制欲望一辈子都没减少。

有很多时候，越偏执的人越容易争夺权力的制高点。偏执的人安全感极低，所以脑子里的"泰迪幻想"越强，他们的控制欲望也越强烈。他们的配偶尽管感到很痛苦，但假若不想离婚，就会发现，只要不接受他们的控制，这个战争就会一直在进行，那似乎更痛苦，于是他们的配偶容易放弃，而接受他们的控制。

当然，大多数亲密关系还是比较正常的，尽管我渴望你遵从我的意志，你渴望我遵从你的意志，但大家较量了几个回合后，就发现这样做很难得逞，而且得不偿失。并且，大多数男人尽管有时会渴望"乖一点"的女友，但多数时候还是觉得她有适当的独立性更好。同样，大多数女子尽管有时会渴望男友"强硬"一些，但多数时候还是觉得他有适度的宽容更好。

于是，一个正常的亲密关系中，尽管吵架也在所难免，但不会成为这个关系的主旋律。尽管彼此都尝试过争夺一下关系的制高点，但不会特别渴望对方绝对地服从。

吵架也是磨合。每一个亲密关系的开始，其实双方都没有看到对方的真实存在，我们都是在很大程度上将自己脑子里的爱人原型投射到对方身上。当发现真实的爱人和幻想中的爱人不相符时，我们会渴望真实的爱人朝幻想的爱人方向变化，但真实的爱人一定不大愿意。反过来，真实的爱人也在对我们做同样的事情，而我们也不愿意。于是，两人由此产生意志的较量。但这个较量过程自然也是一个相互了解的过程，最终，在一个健康的亲密关系中，较量的双方都失败了，谁也没有改变谁，同时又通过这个过程了解了彼此，而后就可以看到对方真实的存在，并与其打交道了。

从这个意义上看，吵架也有相当的积极意义。

别拿自己的尺子量对方

每个人的生命体验最后构成了一个现象场，它就像是一个人认识世界的坐标体系。

亲人间的理解之所以很难，关键原因在于，我们习惯从自己的坐标体系出发，去推测、揣摩、评价甚至抨击另一个人，却完全忘了，对方也有一个现象场，有一个与我们完全不同的坐标体系。

同一件事情，因为坐标体系不同，不同的人就有不同的认识。家里主要处理的是感觉，理解和接受彼此的感受是核心。

如果，你渴望理解对方，就必须学会放下你的坐标体系，尝试着进入对方的坐标体系，这是实现相互理解的唯一途径。

"很多人抱怨'我无法理解配偶到底是怎么一回事'，这是我在做婚姻咨询中最常碰到的问题。"广州向日葵心理咨询中心的黄家良咨询师对我说，"之所以出现这种局面，是因为当事人总是无法做到'如其所是'地去理解对方。"

"什么叫'如其所是'呢？就是，对方怎么感受的，这才是事实，我们要按照对方的感受去理解他。"黄家良说,"但是,很多人习惯上认为,重要的是发生了什么事实。但是,他们却不知道,这只是他眼中的'事实',而不是对方的'事实'。"

黄家良说,每个人都想理解配偶,但因为几个常见的错误,我们常常很难让配偶感觉被理解。

错误一:揣测。我们以为,作为最亲密的伴侣,我们非常了解另一半。有人说:"他一张嘴我就知道他想说什么。"这是真的,但是,我们常常是只知道配偶"说什么",却根本不理解配偶说这些话时的感受。很多时候,配偶的情绪再明确不过了,但我们仍执着于自己的坐标体系,用这个体系去揣测他的意思。

错误二:评价。在坐标体系中,我们位于中心,是唯一的主体,其他人都被放在坐标体系上,是我们的分析对象。其他人都是"外来物",要保持这个体系的平衡和稳定,我们必须去评价一个人,否则就觉得不安全。夸奖和批评都是我们的工具,目的是为了控制对方。对于亲密关系来讲,这是最糟糕的事情了。

错误三:出主意。对方一说到"问题",我们就急着去出主意、提建议,忙着为对方"解决问题"。但实际上,对方多数时候只是为了借"问题"宣泄情绪,根本不需要我们的建议。并且,我们是从自己的坐标体系出发为对方出主意的,这会严重地妨碍理解的达成。

揣测:"我的丈夫有外遇"

"听说成功男人 40 岁离婚已是定律,我的丈夫是不是也这个样子?"徐太太在和我的通话中问道。徐先生现在是一家外资公司的副总经理,徐太太是公务员。

徐太太已结婚 15 年。前 10 年,他们两地分居,她在江西,丈夫在广州。分居虽然痛苦,但她和丈夫相互支持,相互鼓励,关系一直不错,很少争执,也很少吵架。5年前，她调到广州，但没想到相聚不如不聚。这5年，两口子不断发生争执，激烈的争吵已经不下20次了。徐先生不止一次提到"我们早晚要离婚的"。

"他是不是想找茬闹离婚？"徐太太问，"我自问自己没有任何问题，每次都是他挑头吵架。"

"你们常为什么吵架？"我问她。

"每次都一样，"徐太太说，"都是因为我要见男同学或男同事。"

徐太太举了最近的例子：两个月前，她的一个男同学来广州出差。在调动工作时，这个同学帮了不少忙，徐太太决定款待他。和往常一样，徐先生极力反对，但徐太太执意要去，两个人因此吵得天翻地覆。"他为什么这么不近情理？！"徐太太问，"人家帮过我们很大忙。"

"他为什么这样做？"为了解开心中的疑惑，徐太太请教了很多同性朋友，"成功男人40岁换太太"这种说法就是从她们那里听来的。她们纷纷建议她留意一下，看看徐先生是不是在外面有了女人。虽然没找到任何迹象证明丈夫有外遇，但徐太太认为"这是唯一能解释他整天找茬的原因"。

"他不让你和男同事、男同学交往，那他自己呢？"我问。

"他对自己的要求也一样，倒没有推行两条标准。"徐太太说。除了必需的公事来往，她丈夫从来不去单独见女同学或女同事，他常以此为标准要求她也这样做。

"但我问心无愧，我绝对不会做背叛家庭的事。"徐太太激动地说，"为什么要听他的？他的要求太没有道理。"

"你觉得委屈，觉得他不理解你？"

"是的，他根本不理解我。我这么传统的女人，这么爱家又爱他的女人，怎么可能红杏出墙！"

"你理解他吗？"我问，"你有没有尝试去理解，你的丈夫为什么会提这么不合常理的要求？"

我提醒说："任何看似荒诞的事情背后，都有它最真切的原因。如果你觉得它荒诞，那很可能是因为你不理解它。"

这句话给了她很大触动，在电话那头，她沉默了好久。她回忆说，大概一年前，因为她要见男同事而发生一次争吵后，丈夫对她说："或许，对你来说，这样的事情没什么，但你知不知道，对我来说，这就是拿刀子割我的心。"

这句话当时让徐太太深为震惊，她根本没有想到，丈夫会有这样的感受。只不过，这种震惊过后，她还是觉得丈夫"不可理喻"。

"你不相信这是丈夫生气的真正原因？"我问她，"所以你还是去寻找'可以理喻'的原因，譬如成功男人40岁换太太这个社会定律？"

"是这样，"她若有所思地说，"我错了吗？但事实是，我问心无愧啊，他也说他知道我忠诚。"

"什么是事实呢？"我说，"你所谈到的事实只是你眼中的事实。而对他来讲，事实是'拿刀子割我的心'。"

徐太太在电话那头再一次沉默。

"发生了什么并不重要，重要的是一个人内心的感受。"我继续说下去，"感受远比所谓的事实更重要，而在家庭中，理解并接受彼此的感受是最重要的。"

最后，我建议徐太太不要再从外面寻找答案，而应该从内在寻找答案。或许，"成功男人40岁换太太"是一个定律，但并不是一定会发生。相对于这个所谓的定律，"拿刀子割我的心"这种感受，更为重要，更为"真实"，这才是她真正要找的答案。

我建议她最好尝试着去沟通、去理解丈夫的这种感受。如果理解了，她可能会发现，丈夫也会回报以理解，不再向她提出不能见男同学或男同事这种要求。如果无法做到这一点，最好去寻找心理医生的帮助。

徐太太这样的事情在生活中非常容易见到。他们每次吵架都是同一个理由，这是导致他们出问题的最真实的原因。但徐太太不去看，却去外面寻找原因，而答案其实已摆在她面前，丈夫已向她表达了最真切的感受——"这就是拿刀子割我的心"。这种发自肺腑的声音都不能让徐太太重视起来。之所以如此，是她太执着于自己的坐标体系，认为事实比感受更真实。如果找不到事实，她就去"揣测"出一个事实。

记住，要相信对方的感受，与其花九牛二虎之力去揣测"真正的原因"，不如坐下来聆听对方的感受。

评价："你能被提拔就怪了"

评价包括夸奖和抨击，目的都是为了控制对方，都是自己在用自己的坐标体系去评估对方。自己是唯一的主体，对方是客体。在亲密关系中，没有人喜欢这种评价。

张太太 32 岁，丈夫 34 岁，两人结婚 5 年，有一个 4 岁的儿子。现在，两口子陷入了冷战，丈夫没有和她说话的兴趣，妻子则拒绝和丈夫做爱，这种情况已经持续一年多了。张先生说，他每次一讲话，妻子就会打断他，对他妄加评论，让他很难受。

譬如，约半年前，公司准备提拔几名中层经理，他也在列。当天一回到家，他就告诉妻子这件事情。但妻子还没听完就打断他说："得了吧，你人缘那么差，那么不会处理人际关系，你能被提拔才怪了。"

"你神经病啊！"张先生愤怒地回击太太说，"你怎么知道我人缘不好？"说完这句话，张先生扭头回到自己房间里，重重地关上了门。

张太太意犹未尽："他骂我，我绝不能饶他。"她想跟进去吵，但丈夫把门反锁上了，于是，她在门外面骂了好久。

在咨询室里，张先生说："每次谈话都这样，我还没说两句，她就插进来。"

"这个时候，你有什么感受？"

"郁闷、恼火，觉得她不理解我，不可理喻。最后干脆就不和她说话。"

"用不说话惩罚太太？"

"是的，我知道这是一种冷虐待。"

"不说话，但是你很有情绪。"

"是的，"张先生说，"我很愤怒。每次她打断我的讲话，我都感到愤怒。"

"知道我为什么打断他吗？"听到这里，张太太激动地说，"他说话总是很幼稚。等他把废话说完，哪有这种道理？"

"我常给他讲做人的道理，但他都当耳旁风，然后在工作上得到教训。"她说，"你说，我多么着急！"

"你了解我吗？你怎么知道我就升不了职？"张先生问。

"你和我都处不来，你的人缘能好吗？"张太太说。作为妻子，她对丈夫太了解了，他一张嘴，她就知道他要说什么。至于他的优点和缺点，她更是了如指掌，所以她有资格断定丈夫升不了职。

"并且，我的学历比你高，我的职位也比你高，我肯定比你懂得多，我指点你也是理所应当的。"

"但你知不知道，"张先生说，"我三个月前就升职了，全部门就我一个人。"

"啊……"张太太瞠目结舌，"那……那你为什么不告诉我？"

"我一开始就知道升职机会很高。"张先生说，"我回家告诉你，只是为了和你一起分享开心的感觉。但你的指责让我觉得像是吃了一只苍蝇。"

"丈夫把你晾在外面的时候，你是什么感觉？"黄家良问张太太。

"我一心想给他好建议，他不接受，这让我很恼火。我是关心他才这样对待他的，我怎么不去给别人提建议？"张太太憋了一肚子的委屈说，"他从不考虑我的好意，我忍不住要骂他。"

张先生用不说话的方式给妻子"冷虐待"，张太太也有自己的反击方式，她拒绝和丈夫过性生活："不同他做爱，不给他。"

"但一年多没过性生活了，又是需求最旺盛的时候，你怎么解决自己的需要？"

"冲个凉，就压下去了。"她回答说。

"这是让我最恼火的地方。"张先生说。他一开始以为妻子是没有性冲动，后来才发现妻子是在"惩罚"他。

两个人为此没少吵架，但张太太一直拒绝妥协。

"你怎么解决自己的性需要？"黄家良问张先生。

"自慰……我不是没有想过其他的方式，但我不想破坏这个家，"张先生说，"但对这个家的留恋越来越少，现在是过一天算一天。"

张先生的说法让妻子感到很惊讶。张太太说，他们从不交流性的感受，她根本不知道丈夫会通过这种方式疏导性冲动。本来，她揣测丈夫一定是在外面有女人，而且一想到这一点，她就特生气："我总以为他在外面有女人，更加不想给他了。"

张太太犯了一个明显的错误：她太爱评价，并且偏爱批评。评价是阻断交流的最常见原因，丈夫想和她分享喜悦，但她一评价，丈夫觉得受到了伤害，就失去了交流的兴趣。

一些人之所以喜欢评价，是因为他们学来了父母对自己的交流方式。父母要指点孩子，告诉孩子什么地方做得对什么地方做得不对。但是，这是一种"我行，你不行"的关系模式。如果一个喜欢"我行，你不行"的人正好碰上"我不行，你行"的配偶，两个人的关系就会丝丝入扣，也会达成一种平衡。但是，如果对方不认为"我不行"，那么这种关系就会触礁。

并且，急于评价的人着眼点也是"解决问题"，而不是"交流感受"。张太太说，她是好意。什么好意呢？就是指点丈夫，提高他的社会竞争能力，这是"解决问题"的思路。但是，她不知道，"交流感受"才是配偶、密友等亲密关系进行绝大多数沟通的目的。

出主意：阻止了对方倒苦水

当配偶诉苦时，我们也容易出主意，因为我们容易认为，配偶遇到了问题，需要我们帮助。但实际上，配偶是想交流感受。这种思维上的错位也会惹出很多不愉快。

心理学家徐浩渊博士在《我们都有心理伤痕》一书中举了这样一个例子。

> 妻：累死我了，一下午谈了三批客户。最后那个女的，挑三拣四，不懂装懂，烦死人了。
>
> 夫：别理她，跟那种人生气，不值得。（提建议）
>
> 妻：那哪儿行啊！顾客是上帝，是我的衣食父母！（觉得丈夫不理解她，烦躁）
>
> 夫：那就换个活儿呗！（接着提建议）
>
> 妻：你说得倒容易，现在找份工作多难啊！甭管怎么样，每个月我还能拿回家一万多块。都像你的活儿，是轻松，可是每个月那几千块钱够谁花呀？眼看涛涛就要上大学了，每年的学费就万把块吧？！（觉得委屈，丈夫不理解，还说风凉话，开始抱怨）
>
> 夫：嘿，你这个人怎么不识好歹？人家想帮帮你，怎么冲我来了？（也动气了）
>
> 妻：帮我？你要是有本事，像隔壁小萍的丈夫那样，每月挣个四五万，就真的帮我了。

夫：看着别人好，和他过去！不就是那几个臭钱嘛，有什么了不起？！

这是一次糟糕的沟通，妻子只是想倒倒苦水，但丈夫把"苦水"当成问题，急着出主意"解决问题"去了。如果他放弃这种意识，而是只倾听，那就是另外一种情形。

妻：累死我了，一下午谈了三批客户，最后那个女的，挑三拣四，不懂装懂，烦死人了。

夫：大热天的，再遇上个不懂事的顾客是够呛。快坐下来喝口水吧（把她平日爱喝的冰镇酸梅汤递过去）。（对感受表示理解）

妻：唉，挣这么几个钱不容易，为了涛涛今年上大学，我还得咬牙干下去。（感到了丈夫的理解和关切，继续倒苦水）

夫：是啊，你真是不容易，这些年，家里主要靠你挣钱撑着。我这个挣公家饭的人，最多能整个宽敞的房子回来。（表示接受）

妻：话不能这么说，涛涛的功课、人品，没有你下力，哪儿能有今天的模样？唉，我们都不容易。（感受到了接受，也回报接受）厨房里烧什么哪，这么香？

夫：红烧狮子头。（得意地笑）涛涛，别学啦，吃饭！你妈回来了。

前一种例子是"错位的交流"，妻子想交流感受，想宣泄烦恼，丈夫却想"解决问题"，结果误解产生。第二个例子是"丝丝入扣的交流"，妻子倒出的郁闷得到了丈夫的理解和接受，她也回报以对丈夫的接受，在单位攒下的烦恼在短短几分钟的对话中就消除了。

部分推理："你的事实不是我的事实"

王珂结婚刚一年就吵着要离婚，理由是丈夫刘亮"不忠"。

两个月前，王珂的闺中密友说，她看到刘亮在大街上和一个年轻女子搂搂抱抱，看起来"非常亲密"。此后，王珂的几个女性朋友说，她们都看到刘亮有这种事情。

王珂坐不住了，她开始查刘亮的电话、短信、QQ 聊天记录。一个月后，她向丈夫摊牌了：

某天某时某刻，你收到了什么样的暧昧短信；

某天某时某刻，你和一个女人在大街上勾肩搭背；

……

"你在查我？！"刘亮勃然大怒，"你这个女人太恐怖了。如果你认为别人说什么就是什么，我们离婚得了。"

"离就离，你这个没良心的。"王珂哭了。但小两口实际上谁都不想离婚，他们最后决定来找心理医生。

在了解了基本情况后，黄家良问王珂："你想过没有，什么是事实？"接着，他给她列举了几种"事实"：

第一，她的朋友 A 说，看到刘亮搂着一个女人在大街上；

第二，她的朋友 B 说，自己也看到刘亮搂着一个女人在大街上；

第三，王珂自己查到了一些暧昧短信……

但是，黄家良问王珂，这些都是围绕着一个女人的吗？

听到这个问话，王珂愣在那里。刘亮则解释说，不是一个女人。他说，他正在上一个培训班,班上的气氛很好,到了最后,"性别似乎消失了",同性也罢,异性也罢,经常以拥抱的方式相互鼓励,在大街上走起来也很亲密。

他说:"她们见到的不是事实,她们只是看到'我和一个女人很亲密'。但是,每次的女人都不一样,这才是事实……别人看到什么,那是别人的事情,但在我看来,好朋友之间没有性别。"

"我多次要你和我一起去参加这个培训,"刘亮对王珂说,"如果我和她们有什么,我可能向你提这个要求吗?""老公,对不起。"王珂知道自己错了。

很多人看到了同样的事情,这难道不是事实吗?这是王珂的推理。但是,她最缺乏的是丈夫那边的信息,这就导致她的推理是基于部分事实之上的,误解因此而发生。要防止这种情况,王珂应在自己产生情绪的一开始就与丈夫进行沟通,了解他的感受和他的事实。

事实推理:他常做什么 = 他爱做什么

黄家良说,我们看别人的事情,经常只是看到了表象,而不是事实。要想知道事实,就必须去了解对方的感受,这是最重要的事实。

譬如,一对刚结婚三个月的小两口,结婚前丈夫常陪妻子买内衣甚至卫生巾,对妻子喜欢的内裤的品牌、尺寸、号码也了如指掌。妻子经常就这一点在自己的女伴面前夸耀,说找到了一个又爱她又细腻的丈夫。

但刚结婚,问题就出来了。

一天,妻子打电话叮嘱丈夫帮她买内衣。电话里,丈夫答应了。但回家后,妻子发现他没买回来。当妻子问起来,他就说:"对不起,忘了。"第二天、第三天还是如此。最后,妻子愤怒地对丈夫说:"如果你总记不住,我自己去买好了。""那你就自己去买好了。"丈夫说。

当天晚上，妻子非常生气加懊恼，她说："不想买就早说，害得我浪费感情和精力。"

"为什么非要我帮你呢？"

"我以前的内衣都是你买的啊！"

"但你想过没，我一个大老爷们儿，真的喜欢买吗？你记得我哪次是很高兴地、主动地去买吗？"

"的确没有，都是我让你买的。"妻子觉得非常震惊，她问道，"既然不想买，为什么不告诉我？"

"我怕你不高兴，怕你生气。"

黄家良说，这个案例非常经典地诠释了"什么是事实"。男孩帮女孩买了几年的内衣，女孩就自动归纳成"他喜欢这么做"。但真正的事实只是，男孩是"怕她不高兴"。

"重要的不是发生了什么，而是对方是怎么感受的。"黄家良说，"我们要永远记住，感受的沟通在亲密关系中是最重要的。"

徐浩渊博士则说，时代改变了，我们爱的方式却没有改变。以前，物质很匮乏，所以爱的主要内容是保证对方的物质需求。但现在，物质需要已经不再那么重要，心理需求的重要性则日益突出。鉴于此，我们应该进化我们爱的方式，重视配偶或其他亲人的心理需求。

心理需求的核心是感受，亲密关系的一个重要价值就在于交流并相互理解和接受彼此的感受。

放下亲密关系中的挡箭牌

一位朋友对我说，他的父母都七十多岁了，仍然经常吵架，而且每次都吵到似乎恨不得杀了对方。

他们会吵些什么呢？我问他。

他回答说，起因总是鸡毛蒜皮的小事，但最后必定会吵出两件事：一件是爸爸说妈妈的，爸爸谴责妈妈在二十多岁的时候曾经想离开他跟另一个男人走；一件是妈妈说爸爸的，同样是谴责他在三十来岁的时候曾喜欢上一个女邻居。每当一吵到这两件事，两位老人的愤怒就会达到顶峰，很快都会陷入暴怒，那时假若他在旁边便会感到害怕，觉得空间里弥散着浓浓的杀气。不过，这只是他的感觉而已，因为他不在的时候父母仍然会吵架，但他们吵了一辈子，从来都是君子动口不动手，而且也没有谁被对方的杀气杀死。

但是，为什么四五十年过去了，两个人对当年的"背叛"还是念念不忘呢？并且，他们当时只是动了动"背叛"的心思，但并没有发生背叛的事实，别说性行为，连牵手这样的最低限度的身体接触都没有过。

对此，我的理解是，这两件"罪过"其实只是挡箭牌而已，这是在亲密关系发生冲突时常见的策略：当你因为一件小事对我表达不满时，我就将"你曾经背叛过"的挡箭牌竖起，这样你就无法因为这件小事而攻击了，我就将你射来的抱怨之箭挡了回去。但是，我有这样的挡箭牌，你也有，毕竟生活了一辈子，谁没有严重一些的过错呢。于是，为了更好地进攻和还击，你也竖起了挡箭牌，两人于是一手持"你犯过重大错误，你是个罪人"的挡箭牌，一手持枪，打来打去，热闹非凡。

挡箭牌似乎可以保护自己，但它具有巨大的杀伤力，它不仅令夫妻吵架每一次都严重升级，更要命的是 它令夫妻关系变得不可沟通和交流。本来，任何一个小小的不满和任何一个小小的快乐一样，都是一次心与心相通的机会，不管是喜悦、欢乐、感恩，还是愤怒、怨气、嫉妒甚至仇恨，我将我的感受告诉你，你将你的感受传递给我，我们就这样建立起了链接。

挡箭牌切断了传递感受的通道

在电影《阿凡达》中，纳威人只需要将辫子插到六腿马或飞鸟伊兰卡的辫子中，心灵感应级别的链接就会在一瞬间建立。但在我们的生活中，我们没有这么便利的方式，我们要不断地表达自己的感受，并去感受对方的感受，某种程度的链接感才会发生，而链接感一旦发生，一个亲密关系就会变得牢不可破，而那要命的孤独感也会消失大半。

但是，假若一旦发生冲突就竖起"你是个大罪人"的挡箭牌，那么在保护自己的同时，你也切断了感受传递的通道。

并不是只有脾气大的人才使用挡箭牌，实际上，在我看来，几乎在任何一个亲密关系中都会有类似的事情发生，而且很多时候相当隐秘。

多年前，我的一位来访者遭遇到噩梦般的打击，她发现先生有一件很不堪的事情，她不能接受这件事情。但她不想离婚，同样，先生也不想离婚，并发誓痛改前非。并且，他们两人都各自找了心理医生为自己做治疗，尤其是先生用了很长时间给自己做治疗。

从此以后，先生的确再也没有发生过那样的事情，但她一直在担惊受怕，担心噩梦重演，任何一点蛛丝马迹都会让她非常恐慌。只是，她是一位特别通情达理的女子，轻易不会表露负面的情绪，而且她从理性上也知道这可能是自己瞎担心，除非找到确凿的证据，否则自己没有道理去怀疑先生。

这样过了很多年，她觉得自己越来越压抑，这件事在心头上越来越重，成了一团浓重的阴云，于是她又来找我做咨询。

咨询期间，一天她又发现先生有犯前科的迹象，一下子有了崩溃感。我建议她去了解真相，鼓足勇气去找当时情景中的所有人谈，尤其重要的是和先生谈，当然不一定要把她的担心说出来，只要去了解他当时的所思、所想、所为就可以了。

谈过之后，她发现，这完全是自己的想象在作怪。她过于担心噩梦重演，于是一切注意力都放在了防范噩梦上，结果她只关注任何与噩梦相符的细节，但事实完全是另外一回事，她根本不必担心。

这让她一时有了很大的解脱感，但她仍忍不住想，如果以后自己仍然活在这种担心里怎么办，下一次要是自己还是这样疑神疑鬼那该多痛苦，是不是干脆离婚得了，那样就可以一了百了，再也不必生活在疑虑和恐慌中……

就在这个自然而然的思考过程中，她脑海中突然间电闪雷鸣般有了一个新的发现，她注意到，自己每当和先生发生任何一次或大或小的冲突时，她都会自动联想到那场噩梦。这个发现令她恍然大悟，她明白，原来，不断去和那场噩梦纠缠，竟然仿佛是她的一个诡计，只要一使用这个诡计，她就可以逃避掉和先生这份亲密关系中的所有责任，而先生就得为这一亲密关系的过错负全责。

明白了这一点之后，那场噩梦，她终于可以彻底放下了，她全然地原谅了她的先生。

需要指出的是，与前面提到的那对老人家不同，这个女子非常温柔，她不会和先生激烈争吵。但是，她只是形式上不激烈争吵而已，她的内心一直都在剧烈地争吵，她无时无刻不在使用"你是个罪人"这样的挡箭牌，并且比起那对老夫妻，她使用起来更加理直气壮，因为似乎毋庸置疑，她的先生就是一个罪人。

值得庆幸的是，她放下了"你是个罪人"的挡箭牌，而放下之后，她清晰地发现，先生是她生命中多么重要的人，他们之间的链接有多深，她的的确确愿意和这样一个男人厮守一生。

最常见的挡箭牌——你错了

就事论事，对事不对人，这不仅是职场上的重要原则，也是亲密关系中的重要原则。 很多人可以在职场上做到对事不对人，但在亲密关系中就未必能做到这一点。事实上，我自己很少发现有人能很好地做到这一点。也许原因是，亲密关系是我们最在乎的，而我们越是在乎，就越是怕承担责任，就越是希望分出谁对谁错来。毫无疑问，每个人都希望自己是对的，而对方是罪人。

所以，在亲密关系中，不去纠缠谁对谁错也是很多婚恋专家强调的一个原则。

要想做到这些原则，首先需要一个意识：谈事情A的时候，只谈事情A，而不去扯事情B、C和D等等。否则，事情B、C和D等很可能就是挡箭牌。

并且，谈事情A时，重要的不是去分出个对与错来，重要的是自己和对方的感受。具体到你自己身上就是，你能否坦承地表达你的所有感受，你又能否聆听到对方表达出来的感受。

我的另一位来访者和先生处于离婚的边缘，原因看起来很老套，她的先生有了外遇。有了外遇，看起来也是一个不容置疑的巨大过错，但至少一个心理医生不会总和自己的来访者谈谁对谁错。我首先关心的是"你想要的是什么"。

我一次次问她："事已至此，你最想要的是什么。"

每一次，她都很清晰地回答说，她最想要的是老公，她不能想象没有他的生活。而且，她的确发现自己内心对他仍然涌动着很深很深的爱。有时她甚至也想，其实他们的婚姻早就出现了问题，他们都需要重新学习怎么与对方相处，先生出现外遇只是一个契机。

不只她这样想，她先生也这样想，他一样也不想离婚。

但最后，先生还是动了离婚的念头。一天，他提出了离婚。她问："为什么？"他说："以前，我在你心中是珠宝，但以后，我在你心中就是垃圾，我不想在你面前做一辈子垃圾。"

她鼓励他说："你知道自己错了就好了，我们以后可以好好过。"

听到这句话，他先生不再吭声。

先生那样说，是在向她表达感受，但是，她挥起的挡箭牌"你错了"切断了这个感受传递的链条。并且，她的话也的确验证了先生的担心，"以后我会在你面前一直是错误的垃圾"。所以，她这句话会更加坚定先生想离婚的心。

我给她讲了挡箭牌的概念，也讲了几个相关的故事。她有所悟，并反省道："的确，假如没有意识到这一点，那么可以料想，如果我们没有离婚，每当发生冲突时，我都可能会甩他一句'谁让我没有人家温柔体贴呢'。"这句话看起来是在自责，实际上是在提醒他"你是个罪人"，接下来的意思就是："你还怎么好意思和我吵架呢？你没有资格！"

她先生很了解她，知道自己以后会一直生活在"我是个罪人"的感觉里，所以他宁愿离婚，尽管他并不愿失去她。

当然，她不想有这样的结果，那她就需要放下这个挡箭牌，学习体会先生传递来的感受，也要学习去体会并表达自己的感受。

所以，我一再问她，当先生给她讲这番话时，她的感受是什么。

让她表达出感受来，这真的不容易。一开始，她讲的都是思考，尤其很多是评论，而感受，主要是身体的感觉和情绪这两种。

最后她终于讲到，当先生说这番话时，她心里觉得有些暖，也有些辛酸，她觉得他那时像个担惊受怕的孩子。当表达出这番感受时，她的眼睛有些湿润，她说如果再有那一刻重来，她很想抱住他，对他说："我爱你，你在我心中一直都是珠宝，我也不想这辈子一直都生活在你这次外遇的阴影中。"

但同时，她也觉察到自己有很大的怒气和恐惧。这些，她也可以传递给她的先生。

没有人愿意是一个罪人

"你是个罪人"，这是亲密关系中最容易找到的挡箭牌，也是最好的挡箭牌之一。很多时候，我们甚至会主动去追求这样一个挡箭牌，好让自己永远在亲密关系中处于优势地位。

我一个朋友说，她的前男友曾对她明确说："你不妨去试试其他男人，最后你会发现只有我才会对你这么好。"果真，她去试了，而后又回到了他身边。他的确还对她很好，但同时多了很多抱怨和讽刺。她受不了，和他彻底分手了。

要命的是，据她所知，他和之前的女友也说过同样的话，而那个女孩和她一样也是先背叛他再回到他身边，最后又彻底和他分手。

显然，这个男子的两次恋爱模式是心想事成的结果，他心里想"你不妨去试试其他男人，最后你会发现只有我才对你这么好"，而这句话的前半部分果真成为事实，但后半部分却未应验，因为没有谁愿意生活在"我是一个罪人"的感觉里。

当然，类似这种心想事成，女性更为常见。我也听到过太多的故事，女性能容忍自己男友或老公在外面乱搞女人，而她们自己却异常忠贞。甚至，在分手之后她们仍然坚守着这份忠贞。这种局面，其实是追求"你是一个罪人，我是一个圣人"的结果。

坚守着这份忠贞的女性，会在分手后仍对前男友或前夫念念不忘，一方面会抱怨他们"不珍惜我"，另一方面又不断向别人唾弃他们，"你看这个禽兽"。一个女子对我说："我要让他知道，我永远对得起他。他这个禽兽！"

但是，有时候，这个禽兽一旦和"圣人"分手了，找了一个不是圣人的新伴侣，就不再是什么"禽兽"了。

所以说，"圣人不死，大盗不止"这种格局不只会在政治中出现，在亲密关系中一样会出现。

完整地说来，我们最容易挥舞的挡箭牌就是"我是圣人，你是罪人"。因为这一点，我们在吵架时喜欢说自己好的地方，而斥责对方坏的地方。如果你是在辩论中，或如果对方是你的敌人，你不妨这样做。但假若对方是你最亲密、最挚爱的人，我建议你放弃这么有利的武器。

放下亲密关系中的挡箭牌，是个人生活的重要基石。

警惕你身边的隐形攻击

很多人际关系是失衡的，一方明显处于强势，一方明显处于弱势。并且，强势的一方攻击性很强，同时又不允许弱势的一方表达他的感受。

然而，任何人一旦被攻击，一定会感到愤怒，并想还击。一个关系不管多么失衡，这一点也不例外。

在严重失衡的关系中，弱势一方不敢表达愤怒，更不敢还击，他们的意识和潜意识甚至还会发生严重的分裂，根本意识不到自己的愤怒。

但是，愤怒一旦产生，就一定会寻找宣泄的出口。弱势一方根本不能直接表达愤怒，那么，他们会发展出独特的还击方式。从意识上看，他们绝对不敢违背强势一方的要求，绝对不敢挑战强势一方的意志，在强势方的强大攻击下，他们唯唯诺诺，乖得不得了。

然而，他们会出现一些莫名其妙的情况：很简单的事情，他们做砸了；很容易兑现的承诺，他们却不守信……总之，他们常犯一些莫名其妙的错误，令强势一方暴跳如雷。

当暴跳如雷时，强势一方看上去仿佛是遭到了严重侵犯似的。

这也正是弱势一方的还击，也是弱势一方潜意识深处的渴望。他们没有表达出强有力的愤怒，甚至没有表现出一点愤怒，但他们通过犯一些莫名其妙的错误的方式最终达到效果，却和直接用愤怒攻击强势方没有什么两样。

这种心理机制，叫作被动攻击，常被比喻为"隐形攻击"。

隐形攻击最常出没的地方，是家庭。

因为，父母和孩子的关系，以及丈夫与妻子的关系，最容易失去平衡，而父母也最容易一方面以爱的名义攻击孩子，另一方面绝对限制孩子的还击。

然而，不管攻击时借用的名义多么伟大，被攻击的孩子都有愤怒产生，他们都得找到宣泄愤怒和还击的方式。

用慢表达对妈妈的愤怒

前不久，参加一个聚会，一位年轻的妈妈问我："为什么我儿子总是慢腾腾的？我怎么训他，他都改不了。"

说这话的时候，她一脸焦灼。显然，她是一个性格有点急躁的女子。

"因为你太快，所以他慢。"我半开玩笑地回答说。

"真是这样吗？我几个朋友也这样说，他们说这是性格互补。"她半信半疑地说。

她十来岁的儿子就在旁边不远处，我观察了一会儿，但一点都没发现他慢在哪里。他正和小伙伴们玩耍，动作、说话和其他反应一点都不慢。

"他只有和你一起才慢吧？"我问她。

她想了一会儿，回答说，好像是这样，儿子和她在一起时的确比与别人在一起时更慢。她举例说，最令她恼火的是早上，她得送儿子去上学，每次等她收拾好东西后，就要等慢腾腾的儿子。这时候，他特别慢，而她特别焦虑。

"你是怎么等的？"我问她，"安静地等，还是一边等一边斥责他？"

"我怎么可能安静地等，我的心里都急死了，我会一直斥责他、训他，要他快、快、快！但令我非常恼火的是，他就是那么慢！"她说。

"但是，你催他的时候，他从来都说，自己会快，自己正努力，他从来都没有反驳过你。当你对他发脾气时，他从不会还击。并且，在你的家庭中，孩子不能对父母发脾气，是这样吗？"我继续问。

"是啊！我都是为了他好，他凭什么发脾气？"她反问我说。

"任何人被攻击，都会生气。"我说，"如果他不能用主动的方式还击，就会用被动的方式还击。他的慢，就是对你的还击。"

听我这么说，她沉默下来。我让她设想，刚刚，我狠狠地训斥了她一顿，斥责她不会教育儿子，我说的话很难听，那么，她会有什么情绪。

"不高兴，愤怒，会想你凭什么训我！"她接着又说，"这不一样，他是孩子，我又全是为了他着想，况且他看上去从不生气。"

这是大人最常犯的错误，不把孩子当成一个人来尊重，而认为只要自己的目的是好的，就可以不必太讲究方式。但是，孩子和大人一样，不管父母借用的名义是什么，只要遭到了父母粗暴的对待，他第一时间产生的一样是愤怒。

假若父母不允许孩子表达愤怒，那么孩子会不敢生气，因为他们担心一旦生气会失去父母的爱与认可。父母的爱与认可，是他们最在乎的，为了维持这一点，他们可以做一切事情，譬如压抑愤怒。

只是，愤怒一旦产生，就要寻找宣泄的出口。这位年轻的妈妈，用呵斥的方式表达对儿子的愤怒，而儿子则用慢来表达对快节奏妈妈的不满。

给她讲了这番道理后，我建议她说："你少训他，或者平等地和他沟通，允许他表达对你的不满，那么他会快起来，因为他没必要继续用慢来还击了。"

这并不是一个孤立的案例,我认识的多名心理医生说,他们都遇到过同样的案例:性情急躁的父母,偏偏有了一个慢腾腾的孩子。当咨询进行到深处时,那个孩子一定会在心理医生面前表达出对父母经常呵斥自己的愤怒。

馊饭是她对暴力的还击

被动攻击极其常见,在我们这个不习惯表达情绪的社会中,这种隐形攻击几乎无处不在。

我所见过的最经典的案例,是我老家农村的一个家族。这个家族的男人都非常暴力,经常暴打妻子和儿女。并且,他们实施暴力时,很变态地要求对方不能哭不能出声,一旦对方哭或有其他声响,他们会朝死里打。这样,就更谈不上什么还击了。

这个家族有兄弟四个,他们小时候都曾遭受过自己老爸的暴打。等长大了,他们都变得和自己老爸一样暴力,经常失去控制地暴打妻子和儿女。

他们不允许妻子反抗。但是,和前面提到的故事一样,妻子们一样会找到还击的办法。并且,她们还击的办法也是慢。干活慢,收拾家务慢,做饭尤其慢。好像是遗传一样,这四个男人的妈妈做饭就出了名的慢,而他们的四位太太,一样也是出奇的慢。经常,她们会做饭做到晚上 12 点。平时也就罢了,做农活的时候,男人是主力,是非常劳累的,饿着肚子到晚上 12 点,那种滋味很不好受,那些男人因此常常被激惹得暴跳如雷。

有趣的是,他们把这个当成了"命",怎么老婆和妈妈一样慢?而且找到一个慢的也就罢了,怎么四个都慢?这肯定是"命"了。因此,他们很少因为妻子的慢而大打出手。

何止是慢,而且她们做的饭也非常难吃。他们的妈妈做饭很不卫生,饭里常出现一把把的老鼠屎。现在，他们的老婆和婆婆一样，做饭很不讲究。

这四兄弟中，老二的太太是教师，文静秀气，看上去很干净。但是，丈夫打起她来，一样是朝死里打，而且一样是让她不能哭不能吭声。老二的太太做的饭比较干净一些，但做饭的方式经常令旁观者咋舌。

老家人常做面疙瘩，方法很简单，就是用水均匀地滴在面粉上，一边滴一边搅，搅成一粒粒的，然后倒在热水里煮就可以了。一家四五口人的话，用上一碗面粉就足矣了。一次，我的一个邻居去这个家族的老二家，却发现，他的教师太太正用一大盆面粉搅疙瘩。那一盆面粉，足可以吃好几顿了。后来，我这个邻居特意问了这家的孩子，知道他们家一连吃了几天的疙瘩汤，最后，饭几乎都要馊了。然而，绝对不能倒掉，因为这家的太太特别节俭。

我这个邻居无法理解这样的事情，他实在不明白，既然节俭，为什么不每次只用一碗面粉？那样，就算接连吃几天疙瘩汤，起码每次都可以吃到新鲜的。

我也不能对这个邻居讲什么"隐形攻击"，只是很简单地反问他："一个整天被打的太太，她可能会好好做饭吗？"

是的，她不可能。她不仅挨打，而且还绝对不能还击。但她总能找到还击的办法，馊饭和节俭就是她的办法。作为一个经常被折磨的人，她必须找到自己还击的方法，否则她郁积的愤怒只能针对自己，那样她就会自杀。

被动攻击是弱者的武器

当然，这个例子和第一个例子是不同的。这个例子中，这一家族的男人们实施暴力时，显然绝对错误，这一点不容置疑，他们打妻子甚至都不找借口。前面的例子中，那位年轻的妈妈对孩子是报以极大的爱心的，她认为，自己使劲呵斥孩子是为了他好。

然而，不管关系多么亲近、多么特殊，当你对另一个人表现出相当强烈的攻击性时，对方在第一时间产生的一样是愤怒。许多人长大后认同了父母的粗暴的教育方式，为父母辩护说："他们这样做是为了我好。"然而，假若你请他们描述一次被暴打的经历，他们会惊讶地发现，自己心中仍存着强烈的愤怒。

也就是说，不管借用什么样的名义，我们粗暴地攻击另一个人，那个人产生的一样是愤怒。

从这一点而言，民主的家庭营造的氛围，就远好于专制的家庭，但并非说，民主的家庭没有攻击与被攻击。其实，任何家庭都和社会一样，家庭成员很容易会侵犯彼此的空间，而愤怒也由此产生，这一点是不可阻止的。区别不在于有没有攻击与被攻击，而在于攻击产生以后。

在民主家庭，家庭成员之间的关系是比较均衡的，没有明显的强势方，也没有明显的弱势方。这样一来，愤怒一旦产生，他们就可以进行表达，并且，因为他们可以很好地沟通，这种表达轻易不会发展到摧毁性的地步。由此，因为心中没有郁积愤怒，这样的家庭也就不会有多少"隐形攻击"。

家庭中如此，社会中也如此。所以，一个民主氛围重的公司，人们相对比较积极主动。相反，一个专制的公司，人们势必会发展出许多被动攻击的方式，于是大家经常会犯一些莫名其妙的低级错误，譬如懒散、遗忘、拖沓与失约……这些所谓的马虎其实常常就是被动攻击。

尽管专制的父母、配偶或老板常压制对方表达情绪，然而，他们自己常会被激怒，因为他们发现，"无能"的孩子、配偶或下属常犯一些不应该犯的错误。这些错误让他们暴跳如雷。

其实，这正是对方潜意识深处的渴望："我不能直接攻击你，但我有办法令你恼怒，这和直接攻击你也没什么两样。"

甚至，被动攻击造成的伤害反而更大。前面提到的那位妈妈，她说，她最喜欢雷厉风行，没想到儿子却如此慢腾腾，这令她颇感受伤。既然如此，她就不如少斥责孩子，并且允许孩子向她表达不满，而不要把这当成大逆不道。

被动攻击非常普遍，并不是只有严重失衡的关系才会产生被动攻击，实际上一般失衡的关系一样也会如此。在一般的亲密关系中，被动攻击也是常见的调节机制。瑞士女心理学家维雷娜·卡斯特在她的著作《怒气与攻击》中描绘说：

> （关系的）一方占有优势而另一方处于劣势，优势的一方对劣势的一方心存顾忌，从而不得不做出某种程度的妥协，而劣势的一方对优势的一方则感到某种畏惧，必须表现出反抗才能使对方做出让步……（双方）进而形成一种脆弱的平衡。一旦这种平衡被打破，双方便会发生冲突。此时，若强势的一方采取攻击行动，弱势一方大多会以被动攻击，如沉默不语、躲避、哭泣、离家出走等来进行自卫。这时，强势的一方将感到自己被忽视、被冷落、被蔑视而生气。
>
> 与此同时，他也会为自己的攻击行动所带来的后果感到懊悔，从而采取某种弥补措施，并做出让步，使双方达成一定程度的妥协。因此，在配偶关系中，被动攻击有时会起到调节机制的作用。

解决之道：学会直接表达愤怒

被攻击，会愤怒。**作为一种基本情绪，愤怒是调解关系远近的重要武器。**并且，有了愤怒，一定会想办法表达。意识不想，潜意识也会做这个工作。不攻击别人，就会攻击自己。

正是从这个意义上，美国心理学家托马斯·摩尔在他的著作《灵魂的黑夜》中写道：最好只和会表达愤怒的人做朋友。因为，看似不会表达愤怒的人，其实也在用他的独特方式回击你，而最常见的就是被动攻击。

一些人看似从不愤怒，永远和善，但你和他在一起却非常不舒服，脾气变得很糟糕，这是因为，这些貌似永远不生气的人实际上频频以被动攻击的方式攻击你。

并且，因为被动攻击如此隐蔽，你好像没资格实施回击。如果回击的话，也像是一拳打在棉花套上，不能发力。

此外，你还很容易内疚。毕竟，被动攻击者看上去是很无辜的。

不过，我们不能轻易责怪被动攻击者，因为他们之所以成为这个样子，几乎必然是他的愤怒被一些重要人物给严重压制了。譬如，孩子愤怒的资格被父母剥夺了，妻子愤怒的权利被丈夫劫掠了。他们在这些重要的关系中形成了被动攻击这种消极的自我保护方式，然后将它带到了生活的各个地方。

但同时，我们每个人应该反省一下，自己是不是喜欢使用被动攻击。正如维雷娜·卡斯特在《怒气与攻击》中所建议的：

> 我们每个人都应该问一问自己：自己是否通过语言、态度、姿势等伤害过别人，并在这样做时装作若无其事甚至和颜悦色？如果你经常这样做而自己并未意识到，那么，你就应该反省一下自己，看看你的自我定位是否出现了偏差，看看你同别人的关系有哪些不正常。

慎防亲密关系中的洗脑

我们经常祝福恋爱中的人："祝你幸福！""祝你快乐！"但是，并非所有人谈恋爱都是为了追求幸福和快乐，很多人其实更在乎永远正确。他们谈恋爱，仿佛是为了和这个人建立这样一种关系：你永远错误，而我永远正确。

这是一种病态的心理需要。有这种需要的人有强烈的欲望，要在亲密关系中论证自己永远是对的。为了达到这一点，他们会对恋人或配偶实施病态的控制。

一位叫 Rose 的读者给我写信说，丈夫经常逼问她："快说，你是不是和这个男人'有一腿'？"

原来，在和丈夫谈恋爱前，Rose 谈过恋爱并和前男友有过性关系。认识丈夫并开始谈恋爱后，一天丈夫问她的情史，她讲了。他逼问她有没有上过床，她也承认有过。结果他说，她是他的初恋，他虽然介意她的过去，但能忍受，不过要求她以后什么事情都听他的。怀着内疚感，Rose 答应了。

这是噩梦的开始。

从那以后，他不断地问 Rose，还和什么男人交往过，为什么这么做，还有什么不可告人的事情没有交代……Rose 有时觉得很烦，拒绝回答，这时他就会大发脾气，说"你这种不清白的女人，有什么资格对我发脾气"。

这击中了 Rose 的软肋，而且他态度极其坚决，Rose 于是尽量忍住不和他顶嘴，他问什么就回答什么。一旦问出来她和什么男性有交往，他就会问："这是不是你的情人？你是不是跟他'有一腿'？"如果 Rose 回答得不耐烦，他就会说 Rose 有问题，一定是"有一腿"的！

慢慢地，因为怕麻烦，Rose 和所有的男性朋友都不再来往，也尽量不和男同事交往。

现在，他们结婚了，而噩梦仍在继续。不管两口子发生任何争执，丈夫都会拿出 Rose 有过情史这件事来羞辱妻子，并要求她无条件服从他。如果她不服从或顶嘴，他就会大发雷霆，直到 Rose 认错他才能安静下来。

每次，无论发生什么冲突，无论因为什么原因争执，最终的结果都是 Rose 向丈夫认错。

但是，她现在觉得非常压抑。"我经常想到死。"她在信中说。

这种关系，很容易被我们理解为嫉妒，认为是 Rose 的丈夫过于在乎妻子的贞洁，而对妻子与异性的关系过于敏感。

但这只是表面现象，实际上，妻子的情史只是一个幌子。或许，这的确让他感到难过，但更大的可能是，他是利用这一点来压制妻子，让自己永远在这个关系中占据制高点，让自己永远正确，而妻子永远错误。

否则，如果他真的在乎妻子的贞洁，他完全可以在一开始知道妻子的情史时，就终止这个关系。

甚至，在我看来，他在知道妻子的情史时，会忍不住有一种兴奋：我终于找到猎物了，我终于可以和这个猎物建立一个关系。在这个关系中，我永远都可以压制对方。

对恋人"洗脑"的方式

这听起来，有点不可思议，但这种事情并不罕见。我收到过几十封讲类似问题的信件，还见过一个更极端的例子：一个男孩拼命让女友承认，她和这个男人上过床，和那个男人有过"见不得人的事情"。如果女友不承认，他会一天24小时地只谈这件事情，歇斯底里地、一遍又一遍地逼问女友，不让她睡觉，也不让她转移话题，更不用说做其他事情……如果一天不够，那就再来一天。

在这种高压的逼供之下，女友最终晕了，于是稀里糊涂地承认了本来没有发生过的事情，说自己确实和那个男人发生过关系。

这个时候，那男孩会表现得特别伤心，他会暴怒着，继续逼问女友，在什么时间、什么地点、用什么方式，和那个男人发生了关系。他的女友已经失去了继续折腾的气力，于是会向他虚构，他们是在什么时间、什么地点、用什么方式发生关系……

到了最后，男孩会号啕大哭，会一边指责女友不洁身自好，一边又哭着对女友说，他不会遗弃她，他会一如既往地爱她。

这种事情，重复了很多次。那个女孩后来被迫承认的性伙伴多达上百个，但女孩说，这种事情一次都没发生过。

既然承认了有这么多不忠，那么这个女孩就没有任何理由拒绝听从她男友的命令了。

这是这个男孩无意识中所追求的境界。他不在乎幸福与快乐，只想彻底地控制住女友。

这个男孩，很可能有偏执型精神分裂症，或者是偏执型人格障碍。这两种人的共同特点是，把幻想当作事实，而且用极大的毅力说服别人认同这是真的。因为他们说得是如此肯定，态度又是如此坚决，一些人真的就相信了他们的幻想。

他们幻想的内容中，配偶或恋人的不忠是最常见的一个内容。

并且，在说服别人的时候，他们会有意无意地采用了洗脑的手段。

无论是集体性的洗脑，还是一对一的洗脑，必须满足几个条件：

> 信息封锁。即让对方在一段时间内只接受一种信息。譬如那个男孩，可以一天 24 小时对女友说："你一定和谁'有一腿'，快告诉我是怎样发生的！"他根本不让女友有机会接受其他信息。
>
> 关系封锁。即限制对方的人身自由，要求对方不把问题交代清楚就绝对不能离开。而且，必然会限制对方与其他人交往。
>
> 适度威胁。要么直接用暴力，要么用歇斯底里的咆哮让对方害怕。
>
> 树立权威。他必然会说，自己绝对正确，而且其权威性绝对不容侵犯。

集体性的洗脑还需要更多一些条件，但一对一的洗脑，满足以上几个条件就足够了。因为实施洗脑一方的人，太有毅力太坚决了，被洗脑的一方最后会投降，并且，一开始投降的时候，会抱着息事宁人的态度想："算了，算了，这一次暂且就认输吧，我太累了。"

殊不知，这只是噩梦的开始，第二次、第三次乃至更多的洗脑会接踵而至，而且投降的时间一次比一次短。

洗脑只是为了证明自己正确

集体的洗脑，会有明显的钱权名利的目的。但在亲密关系中，一方对另一方实施洗脑，有什么意义呢？在我看来，他们是在完成潜意识深处的"自我实现的预言"。他们心中早就认定，最亲密的人一定会离自己而去，一定会背叛自己。

所以，他们看上去很在乎恋人的贞洁，但其实"不贞"的女性会对他们有强烈的吸引力。找到这样的女性并与她们建立恋爱关系后，他们潜意识深处会有一种抓住猎物的兴奋：看，我终于找到一个人，可以证明我是对的了。

这是当 Rose 的丈夫知道 Rose 有过情史后，反而说他能忍受这一点的原因。

他忍受这一点，只是因为这一点可以让他更好地站在道德制高点，并利用 Rose 的内疚感，对她更方便地进行洗脑。洗脑的目的，是为了营造这样一种亲密关系：他永远正确，妻子永远错误。

这是一种强迫性重复。Rose 在信中写道，丈夫一家人都是这个脾气，错误永远是别人的，而自己永远正确。但设想一下，他小时候呢？在和父母的关系中，他能永远正确吗？相反，他更可能是永远错误，而父母永远正确。

现在，他把以前和父母的关系模式搬到他和妻子的关系模式中了，只是他变成永远正确的强人，而把妻子塑造成永远错误的"孩子"。

童年受过的苦，长大后我们要再重复一遍。但可惜的是，很多人的重复是一种转移，即建立一个亲密关系，然后把自己心中压抑了很久的痛苦，转移到恋人或配偶身上。

所以说，千万不要以为，每个人建立亲密关系都是为了追求幸福和快乐。相反，很多人建立亲密关系只是为了控制并折磨对方。

解决之道：打破封锁，尽早抵抗

仅从 Rose 的信上看，她丈夫除了拼命压制妻子这一点，其他还算正常。但前面提到的那个男孩，显然已达到心理疾病的诊断标准了。

那个女孩，和那个男孩谈了 6 年恋爱，因为被洗脑了，所以尽管和 Rose 一样压抑，一样想到了死，却一直认为，男孩爱她，并且正是因为爱，所以他才做了那些不可思议的事情。

但就在两人筹划结婚时，男孩告诉她，他的妈妈和一个舅舅患过精神分裂症，据说都是偏执型精神分裂症。那个女孩查看了相关的知识后，一下子明白了，这一切到底是怎么回事，于是坚决地离开了男孩。

这 6 年是地道的噩梦。现在她说，她实在想不明白，当时她为什么会承认那些本来就没有发生过的事情。

很多陷入这种关系的人都不明白，自己很聪明，人格也够健康，为什么会鬼使神差地承认错误。这是因为，作为正常人，我们知道自己有对有错，我们会反省。那些偏执狂，他们百分百地认为自己绝对正确，所以在坚持这一点时态度极其坚决，而且他们还天然地从父母那里学会了一些洗脑的手腕，所以运用起来也尤其娴熟而坚决。

Rose 说，丈夫不让她见朋友，也试图斩断她与父母的关系。他已经快获得成功了，Rose 已经一年多不敢见父母了。

这正是洗脑的最常用手段——关系封锁，因为任何一个重要关系都可能会颠覆他的洗脑。譬如，如果朋友们常说："天啊，你怎么和那么变态的人在一起生活？"那么这会帮助她们早点醒悟。

假若她们能经常和亲朋好友来往，她们会很轻松地发现，她们的生活很不正常。这样一来，丈夫或男友对她们的控制就会失败。

> ### 小知识 • 偏执型人格障碍和偏执型精神分裂症
>
> 偏执型人格障碍患者的集中表现是，对他人普遍地不信任和猜疑，并把他们的动机解释为恶意。这种猜疑起自早期成年，前后过程多种多样，表现为具有下面四种以上的特点：
>
> 没有证据地猜疑别人会伤害或欺骗自己。
>
> 沉湎于不公正地怀疑朋友或同事对自己的忠诚和信任。
>
> 担心一些信息会被恶意地用来对付自己。
>
> 对常见的记号或事件会认为有贬低或威胁自己的危险。
>
> 持久地认为他人对自己有恶意，对他人的侮辱或伤害一直耿耿于怀，不予宽容。
>
> 感到自己的人格或名誉受到打击，并且迅速做出愤怒反应或做出反击。
>
> 对配偶或恋人的忠贞反复地表示猜疑，虽然没有证据。
>
> 偏执型精神分裂症除了具备以上特点外，还伴随有妄想和幻觉。此外，因为偏执型精神分裂症患者不具备言语紊乱、行为紊乱、情感平淡等明显的症状，所以很容易被认为是正常人。就是说，除了对一点或几点问题的极其固执外，他们其他方面与正常人没有什么两样。
>
> 偏执型精神分裂症和偏执型人格障碍，都是一种极端。还有大量的人远达不到这一诊断标准，却具备其中的一个或以上特点。

最后，需要强调的是，Rose 的丈夫与那个男孩不同，尚无迹象表明他达到病态的地步。但和那个男孩相似的是，他可能真的认为，他爱 Rose。

但是，他建立这个亲密关系，主要可能并不是为了爱，不是为了与 Rose 享受亲密关系，而是满足他的"我永远正确，你永远错误"的需要。

这是一种恶性循环。自从认识 Rose 以来，其实他一直都在重复使用同一种程序，侵占 Rose 的意志和自由空间，以求彻底控制她。Rose 的让步只会促使这一恶性循环的进展。她如果想得到解脱，就必须斩断这个恶性循环，拒绝继续玩这种"我永远错误，你永远正确"的游戏。

她以为，这是游戏，玩过了，就安宁了，丈夫就不纠缠了。但殊不知，这加重了丈夫的自恋，让他真以为自己的确"永远正确"。

她必须打破丈夫的幻想。但她这样做，可能会有危险，因为如此偏执的人，特别不能接受最亲密的人的挑战，他可能会用暴力来捍卫自己的"永远正确"。如果意识到有这种危险，她一定要先躲到安全的地方，在有安全保证的条件下，再去抵抗丈夫，以结束这一场噩梦般的亲密关系。

恋爱，是为父母而谈吗

亲密关系是对人最大的心理支持，亲密关系的结束也是对人最大的心理伤害。

不过，广州薇薇安心理医院的咨询师于东辉认为，如果自己的原生家庭比较健康，那么一个人就比较容易接受分手的事实，并比较快地重新建立新的亲密关系，但如果自己的原生家庭有一些问题，那么一个人就难以处理分手的事实。

"最常见的现象就是，明明知道一场感情该结束了，但仍然用一些非理性的方式拼命纠缠，让自己痛苦，也让对方难过，但就是不分手。"于东辉说，"这种情形，经常是因为这场感情掺杂着太多的过去。"

他解释说，健康家庭长大的孩子，他们谈恋爱时，是为自己而谈，分手也基本上主要是自己和恋人两个人的事情，这就比较好处理。但是，不健康家庭长大的孩子，他们谈恋爱时，不仅是为自己而谈，也是为父母而谈。这样一来，分手就变得很麻烦。

譬如一个女孩，她爸爸有过第三者，妈妈对爸爸非常愤怒，而且总对女儿讲爸爸的坏话。女孩长大后，很容易把妈妈对爸爸的愤怒情绪转移到自己的关系中来，于是莫名其妙地对男友生气。当分手时，尽管她也知道这次感情已经不可救药了，但她仍然要纠缠，这就像是替妈妈报复爸爸一样，她要报复男友，哪怕男友并没有第三者。

要处理这种问题，于东辉说，他喜欢采用一对一的心理剧，即治疗师和来访者不断变换角色，扮演来访者生活中的那些重要人物，并让来访者完成对童年情感的告别，也最终完成对与男友感情的告别。

案例：拒绝做爱，也拒绝离婚

27岁的叶子陷入了婚姻危机，丈夫张为要和她离婚，她不同意。但她已经一年多不同意和丈夫做爱了，一次丈夫亲近她时，她甚至一脚把他从床上踢了下去。

不想和丈夫做爱是真正的感受，不想和丈夫离婚也是真正的想法，叶子无法处理自己心中的两难境地，此外丈夫又威胁要自杀，于是她不得已来看心理医生。

给叶子第一次做心理咨询时，于东辉还发现了更多的问题。叶子大三的时候，爱上了一个杀人犯并和他同居。她知道男友杀了人，尽管男友对她很粗暴，她却仍然觉得，只有在他身边，她才能找到安全感。不过同居一年后，她男友被捕并被判死刑。

这两次看起来有些诡异的爱情，显然都与叶子的童年经历有关系。在她3岁的时候，她的爸爸和妈妈离婚，从此杳无音信，不知道去了哪里。叶子曾多次问妈妈，爸爸去哪里了。但一听到这个问题，妈妈就会骂她、打她，吓得她再也不敢在妈妈面前谈爸爸。

并且，爸爸离开后，妈妈没再嫁，两人一直相依为命。妈妈说，她没有再嫁人是因为不想给叶子找一个后爸。她还对叶子说，爸爸之所以离开这个家，是因为他不喜欢女儿。等女儿出生后，他很想妻子再生一个儿子，但因为当时的计划生育政策，这当然是不可能的。所以，爸爸离开这个家庭，去找了另外一个女人。

"妈妈一切都是为了我好，我总觉得欠妈妈好多，所以总想补偿妈妈，非常听她的话。"叶子说。的确，上什么大学是妈妈安排的。大学毕业后，也是在妈妈的建议下，她来到广州工作。

刚来广州的第一年，叶子的工作很不稳定，她一年内换了8个工作，每次都是因为怀疑男上司或男同事对她图谋不轨。第二年，她想干脆认命吧，才在一家港资公司稳定下来。但出乎她的意料，的确有男同事对她开一些过分的玩笑，但并没有谁真正骚扰她。

稳定下来后，她把妈妈接到广州一起生活。不久，妈妈就看中了她的男同事张为，并逼着她和张为结婚。张为是好人，而且非常喜欢叶子，但叶子对他没有什么感觉，只是为了让妈妈高兴，而且认为"妈妈看男人肯定比我眼光好"，于是在2004年嫁给了张为。

结婚不久，叶子就发现，她实在无法接受与张为做爱，"的确是没有一点感觉"，而张为闹了一段时间后也被迫接受了她的协议：不做爱，但彼此照顾。"这是交换，他给我和妈妈提供住的，我和妈妈打理他的一日三餐和日常家务。"叶子说。

不到30岁的张为不可能忍受没有性的婚姻，他试过去找别的女人，但叶子一发现苗头就会闹个天翻地覆。最后，张为提出离婚，但叶子却不同意。张为发现自己什么都不能做，逐渐得了严重的抑郁症。他警告叶子说，她最好去看心理医生，否则说不定哪天他会自杀。

分析：潜意识深处知道答案

受伤的父母让我们做一些事情报复另一方父母，并且会向我们灌输一些对异

性的恐惧。尽管我们本能上知道,这样做不对,但为了表示对和自己一起生活的父母的忠诚,我们会强迫自己认同他(她)的观点,并把这种观点带到自己的恋爱中去。叶子的案例很典型地体现了这一点。

"叶子嫁给妈妈中意的男人,是女儿在替妈妈恋爱。"于东辉说,"但是她不可能违背自己的真实感受,所以实际上无法真正替妈妈恋爱。这一点在离婚上也体现了出来,她不想和丈夫离婚,其实是对妈妈的认同,而她的内心深处其实知道该结束这场婚姻。"

并且,我们潜意识深处都知道,真相到底是怎么回事。

所以,尽管妈妈是二十年如一日地向女儿灌输她的观念,而叶子也表现得很相信这种观念,但是一旦在催眠状态下,让她扮演父母的角色时,"他们"会自动说出真相。而当把藏在潜意识深处的真相说出来后,治疗就基本上成功了一大半。

治疗:通过心理剧还原真相

对叶子的治疗分六次完成:第一次是了解叶子的基本情况;接下来四次都是采取心理剧的方式,不断地进行角色扮演;最后一次做的是一些常规的处理。

第二次的治疗处理的是叶子和丈夫的关系。在催眠状态下,于东辉和叶子轮流进行角色互换,譬如于东辉先扮演叶子,而让叶子扮演张为。接下来,于东辉扮演张为,而让叶子扮演自己。

在扮演丈夫的角色时,"他"深情地对治疗师扮演的"叶子"说:"我很爱你,我渴望和你结婚,但没有性生活,我真的很痛苦。为了我,也为了你,我希望我们离婚,结束这一段不应该开始的感情。"

回到自己的角色上,叶子显示出对丈夫的理解,她对"张为"说:"感谢你对我的爱和照顾，我对你有深深的内疚，但我无法背叛自己的感受，我的确不爱你。"

接下来，叶子和治疗师再次互换角色……

"平时，我们都习惯自我欺骗和欺骗别人，很难进行真诚的交流，但面对有经验的治疗师，这就不再是难事，而且角色扮演的心理剧形式也很容易让来访者接受自己对其他人早已存在的理解。"于东辉说。

第三次的治疗，处理的是叶子、叶子妈妈与张为的三角关系。这次一样，治疗师和叶子不断地变化扮演的角色，而叶子也显示出，她的潜意识深处其实很清楚，她的婚姻到底是怎么回事。

当她扮演妈妈时，她诚恳地对治疗师扮演的"叶子"说："对不起，我是为自己的心理需要选择了张为，我知道你不喜欢他，但仍然强迫你嫁给了他，我是一个自私的妈妈。"

最关键的是第四次治疗，这次处理的是3岁的叶子、叶子妈妈和叶子爸爸的三角关系。这次的角色扮演同样显示出，尽管叶子的妈妈对女儿说了前夫二十多年的坏话，但叶子实际上知道这究竟是怎么一回事。

当扮演妈妈的角色时，她对治疗师扮演的"3岁的叶子"诚恳地说："你爸爸是因为我而离开，不是因为你而离开。你爸爸讨厌我，怪我脾气大、不温柔且对他的父母不好，但你爸爸爱你。"

当扮演爸爸的角色时，她对"3岁的叶子"说："爸爸非常爱你，非常喜欢你，你还记得吗？我们去公园、去江边、去很多很多地方玩的情景……那一幕幕爸爸清晰地记着呢。爸爸爱你，你是我的好女儿。"

3岁的叶子则原谅了爸爸。等扮演回3岁的自己时，她对治疗师扮演的"爸爸"说："爸爸，不管你因为什么离开妈妈，我都原谅你，我没有资格怪你，那是妈妈的事。作为女儿，我爱你。"

这个对话表明，尽管爸爸离开家时，叶子只有 3 岁大，但她仍然知道，爸爸和妈妈离婚的真正原因是什么。而且尽管过去了二十多年，叶子的潜意识深处仍然清晰地记得，当时爸爸是如何对她的。这些真相，她后来之所以压下去，是因为拿着这些真相和妈妈对抗，太痛苦了，她不如服从妈妈的控制，和妈妈持有同样的观点，这样妈妈比较快乐，而她也会多一些快乐并减少许多麻烦。

妈妈一直向叶子灌输说，爸爸讨厌她，因为她是女儿。结果，叶子真的讨厌起自己的女性角色来。虽然她长得比较漂亮，但她总是一身中性打扮，头发很短，穿着也没有女性的味道。此外，她大学时爱上那个杀人犯也是受了妈妈的影响，妈妈总是对她描绘，爸爸是个十恶不赦的坏蛋，叶子意识上会像妈妈说的要远离坏蛋父亲，但潜意识中仍然亲近父亲，而这种心理最终让她选择了一个坏蛋做男友。

第五次出现在治疗室时，叶子的穿着已发生了很大的改变，她第一次穿上了一条新裙子。这意味着，在说出藏在潜意识深处的心理真相之后，叶子不再接受妈妈的说法"爸爸讨厌你，因为你是女儿"，从而接受了自己的女性角色。

"心理剧的神奇之处在于，当你以扮演的角色说出心理真相后，你就可以比较轻松地终结不健康的父母关系给你造成的影响。这样一来，你就可以不再以父母的身份，而是以你自己的身份，去和异性相处并恋爱了。"于东辉说。

第五次治疗，需要单独对叶子和妈妈的关系做一次心理剧的处理。这次治疗显示，虽然妈妈骗了叶子二十多年，但作为女儿，她仍然一如既往地爱妈妈，并更深地理解了妈妈，最后则原谅了她。

她以"3 岁的叶子"对治疗师扮演的"妈妈"说："我理解你，妈妈，最亲密的人离开你，否定你，这是多么痛苦。我的确愿意分担你的痛苦，所以我不怪你骗我。我现在和以前一样爱你，不，我现在更爱你，妈妈。"

最后，她又以"27 岁的叶子"对"妈妈"说："你给了我很多爱，但你也给了我对父亲的恨，对男人的错误认识。现在，我要把这一切还给你，我要过属于我自己的生活。我仍然爱你，妈妈。但我知道，我的爱情是我的，而不是你的。我要过我的生活，妈妈，你也要过你的生活，我们不能再这样紧密地黏在一起。"

在最后一次治疗中，于东辉和叶子一起整理了这些新的认识，让这些从潜意识深处浮现出来的心理真相更加清晰。

过了半年后，于东辉对叶子做了一次随访。她说，她已和张为离婚，自己租了房子和妈妈一起生活，但她减少了自己与妈妈在一起的时间，并且鼓励妈妈去过自己的生活，"这一点还没有收到明显成效，但我和男人相处起来，比以前正常多了"。

四年没性爱，到底错在谁

性是对关系的渴望。扭曲的性，是对扭曲的关系的渴望。

男人滥性，通常是征服欲望在作祟，是希望占有很多女性。这种占有就是一种扭曲的关系。

一些女人滥性，但并不享受滥性的过程。她们这么做，经常是用性来讨好男人。她们担心男人会迅速溜走，所以要用性迅速留住他们，但这让男人走得更快，于是她们更频繁地滥性。这也是一种对关系的扭曲的渴望。

还有许多人，虽身体机能正常，但无法正常地享受性，而要靠自慰、暴露、偷窥、虐待或被虐待等方式达到正常性爱无法达到的高潮。这些人，如果认真审视其亲密关系，你会发现，也存在问题。

如果不是有明确的生理原因，但在性上却出现了问题，那基本可以断定，一定是在建立亲密关系上出现了问题。

学不会建立健康的亲密关系的人，就无法学会享受健康的性爱。

严厉的父亲教会他自我惩罚

"胡医生，请你告诉我，我是不是该回老家去种地？"在广州向日葵心理咨询中心第一次做心理咨询时，35岁的阿盛对治疗师胡慎之提出了这个问题。

阿盛是江西人，高中毕业后就来广州闯世界，现在是一家工厂的中层管理人员，月收入三四千元，几年前买了房子，小有积蓄，是家乡那个穷山沟的父老乡亲眼中的成功人士。

然而，阿盛对这种生活却没有感觉。

"按时上班，按时下班，每天像一只勤奋、麻木的蚂蚁，这样的生活，我觉得实在是没意思。"阿盛说，"但看我的同事们，好像不少人很享受，过得有滋有味，这样的生活到底有什么地方值得高兴呢？"

"广州的确繁华，钱好挣，我混得还算可以，但我就是没感觉。"他说，"我想卖了房子，肯定能卖个三四十万吧，然后回家包一大块山地，植树造林，种地养花，这才是我想要的生活。"

问题是，妻子阿玲坚决反对他的桃花源之梦。

阿玲小阿盛十岁，性格内向，本来就不喜欢职场中复杂的人际关系，四年前，在丈夫的劝导下，她辞去工作安心做起家庭主妇。

"认识她的时候，她还很小，不会处理人际关系，总是被人欺负，我心疼她，在结婚后就劝她不要工作了。"阿盛说，"我收入虽然不算多，但很节约，两个人过日子没问题。"

当心理医生让阿盛描述一下他和太太的关系时，阿盛形容说："我们比较亲密吧，每天下班我都会第一时间回到家，两人经常一起看电视，她喜欢坐在我腿上。"

再问下去，阿盛勉强地透露了一个问题：他和妻子有4年没有做过爱了。

这不是性冲动或性能力的问题，阿盛说，妻子坐到他腿上，或者哪怕只是看到妻子,他都有可能产生很强的性冲动,但是,他说:"我不能这么做,这会伤害她,所以我必须把自己的冲动压下去。"

"会伤害她,这是什么意思呢?"胡慎之问他。

阿盛犹豫了一会儿,才吞吞吐吐地道出实情:"我担心自己得了艾滋病。"

原来,结婚后不久,他有一次喝醉了酒,和一个女孩稀里糊涂地发生了性关系。等清醒过来后,他追悔莫及,非常自责。

不久,他听说那女孩和很多男人上过床,这让他开始担心自己会不会染上艾滋病。虽然这次出轨事件中,他用了安全套,但他上网查艾滋病的资料时,知道安全套也不能百分百地保证不感染艾滋病。这让他更加担心,于是在网上找了大量的关于艾滋病的内容。他自嘲地说,现在自己都是半个专家了。

但半个专家并不能确认自己是否感染了艾滋病,于是他最后去了一家大医院做了检查,不过用的是假名:"如果万一真感染了,我可不想让别人知道。"医院检查的结果是阴性,但这丝毫没消除阿盛对自己患了艾滋病的担忧。他担心,要是化验单弄错了呢?或者要是化验员随便写了个结果呢?或者,要是这个医院只管挣钱,不会认真化验呢……反正阿盛想出了很多理由,都不能确保这张化验单百分百可靠。

接下来,阿盛又去了几家医院做检查,所有的检查结果都是阴性,但是任何一家医院的医生都不肯百分百地确认阿盛不会得艾滋病或携带艾滋病病毒。

"也就是说,真正合理的结论是,我仍然有千分之一或万分之一的可能性携带艾滋病病毒。"阿盛说,"既然是这样,我当然要负责任,不能和妻子做爱,万一传染给她怎么办?"

不过,这种决定并不能消除他的性冲动。因为一直没和妻子做爱,也因为担心自己有艾滋病而没有找过其他女人,并且他也从不自慰,只有梦遗,这都让阿盛的性冲动有时强烈到可怕的地步。

这个时候，他就会拼命锻炼身体，把冲动压抑住。此外，他一回到家就装得特别累，向妻子诉苦说，工作压力大，希望她能理解。

"一定不能让她知道，我其实也特别想。"阿盛说，"幸运的是，妻子虽然年轻，但那方面的需要好像一直不是很强，而且从不为难我，不给我施加压力。"

"听起来，不做爱全是出于对妻子的考虑？"胡慎之问。

"的确，是这样。"阿盛回答。

"那么，不做爱，对你有什么好处？"胡慎之问。

"这有什么好处？除了让我特别难受之外，能有什么好处？"阿盛反问说。

"没有一点好处，是不是可以说，完全是惩罚？"胡慎之问。

"绝对是惩罚！"阿盛回答说。

"谁在惩罚你？"胡慎之问。

阿盛一下子愣住了，他停了好一会儿说："如果说是惩罚，那只是我自己在惩罚自己。"

胡慎之没有说话，只是看着阿盛。

咨询室一下子安静下来，又过了一会儿，阿盛才迟疑地说："我去最后一家医院做艾滋病检查时，那医生说，我这是心病，所以建议我来找你。心病的意思是不是说，我拼命怀疑自己有艾滋病并因此不过性生活，实际上是为了惩罚自己呢？"

这一点是没有疑问的。原来，阿盛小时候跟着父亲生活。父亲做老师，经常在他们的那片山区各村里调来调去，而父亲到哪里，阿盛也跟到哪里。但很少见到母亲，一年半载母子不见一次是常事，最长的一次是阿盛四年没见过母亲。父亲对阿盛的教育非常严厉，儿子犯了什么错误必定会罚他。后来，一旦犯了错并被父亲发现，阿盛就会主动认错并主动惩罚自己。

"一有错就主动惩罚自己成了一个习惯，那出轨这么大的错误，就更加不会例外了。"胡慎之说。

听到这里,阿盛苦笑着说:"是这么回事,但为什么我就一直不明白这是对自己的惩罚呢?"

这是因为,还有更重要的答案。

"好孩子"们常埋藏着很深的愤怒

胡慎之察觉到,阿盛的那次出轨,就是在他妻子辞去工作后不久发生的。这是一种很微妙的矛盾心理。虽然,妻子是在阿盛的劝导下做家庭主妇的,但当妻子真这样做了之后,阿盛内心深处却有了要惩罚妻子的冲动。

这是一种错位的惩罚。

胡慎之说,因为小时候一直不能和妈妈生活在一起,对幼小的孩子来说,这是一种很严重的心理创伤。正常情况下,经常与妈妈分离的孩子,会对妈妈有愤怒情绪,会用不和妈妈说话、不让妈妈抱等方式来惩罚妈妈。如果大人不理解孩子的这种做法是正当的,而刻意地强迫孩子理解大人的艰难处境,并且孩子不听话就惩罚他,那么,孩子会把愤怒和惩罚妈妈的冲动压抑下去,并真的变成一个"好孩子",按照父母的意愿不恨妈妈,甚至会主动和妈妈亲热。

然而,他的愤怒并没有消失,惩罚妈妈的冲动也没有消失,而是被压抑到内心深处。一旦再有机会,这种愤怒和惩罚冲动就会重新被唤起。

这种机会,最经常地出现在他成年后的亲密关系中,即把对母亲的愤怒和惩罚冲动转移到对女朋友或配偶身上。对阿盛来说,他就是把这种情绪转移到了妻子阿玲身上。

这是一种很难觉察的心理。在相当程度上,可以说阿盛之所以劝妻子不工作,意识层面的原因是对妻子的爱与照顾，但潜意识层面，其实是要制造一个原因，从而可以让阿盛找到释放愤怒与惩罚冲动的出口。

实际上，在认识阿玲前，阿盛有过一个大他几岁的女友，对他照顾有加，但阿盛却对她一直没有感觉。直到遇到阿玲，他才产生了强烈的感觉。他对胡慎之讲过这种感觉："看着她那么柔弱，那么不会做事，有特别强烈的冲动，很想去照顾她。"

这种"特别强烈的冲动"，是源自潜意识深处的诱惑：阿玲可以让他重复童年的苦难。妈妈没有照顾过他，他也要找一个不可能照顾到他的女孩。能照顾他的人，他没感觉；不能照顾他的人，他才有感觉。这种感觉，是难以摆脱的诱惑，也是致命的诱惑。

并且，照顾一个人，正是阿盛表达愤怒的方式。阿盛有一个弟弟和一个妹妹，他们和母亲一起生活。每当一家人重新相聚的时候，阿盛表现得特别像一个大哥，他不记得自己吃过弟弟妹妹的醋，也不记得自己生过母亲的气。相反，他会按照父亲的意思尊重母亲，而且特别照顾弟弟和妹妹，无论他们做了什么，他都表现得极其宽容。

这样一来，他就有一个最基本的收益，那就是，无论他们三人之间发生了什么事情，父母都会认为，阿盛肯定没有错，错的一定是弟弟或妹妹。

就这样，阿盛用"我对你们非常好，所以我不会错，错的一定是你们"这种方式在与弟弟妹妹的关系中抢占了道德的制高点。

在相当程度上，这也是阿盛为什么劝妻子做家庭主妇的原因。因为这样一来，妻子对家庭就没有了贡献，而他彻底成了家庭的支柱。这样，非常辛苦的他就会在这个亲密关系中永远占据着道德的制高点，一旦发生什么事情，那仍然是"我对你非常好，所以我不会错，错的一定是你"这种逻辑的重复。

他这种逻辑，在原生家庭里获得了成功。但在新家庭，却未必行得通，因为妻子在另外一个家庭长大，她未必会像他的弟弟妹妹那样，买他的账。在父母的安排下，阿盛和弟弟妹妹很默契地玩"我对你们非常好，所以我不会错，错的一定是你们"这种游戏，但阿玲尽管失去了关系中的制高点，却未必会认为自己就应该认错。

在一次治疗中，当胡慎之问阿盛："你对妻子有抱怨吗？"

这时，阿盛像竹筒倒豆子一样，就妻子发了一大通牢骚。

发完之后，他先是承认过瘾，把这些抱怨讲出来实在是痛快极了，但接下来，他又问："我这样说妻子的坏话，不好吧？"

"你觉得这些是坏话，还是你的真实感受？"胡慎之问。

"是真实的感受，我没有夸大地说妻子的缺点。"他说，"说起来，这好像是我这辈子第一次这样发牢骚呢，还是对一个女人。以前我一直认为，只有婆婆妈妈的人才这样做。"

"但不这么做，你的心理会失去平衡。"胡慎之说，"当愤怒产生时，否认是没有用的。"

"的确，小时候我以为我能做到把愤怒彻底压下去，但和妻子在一起，我知道压不下去。"他说。

说到这里，他忽然间恍然大悟似的对胡慎之说："那么，我不和妻子做爱，是不是也在表达愤怒呢？"

胡慎之还没有来得及回答，他又抢过话头说："不，不是这样，我是因为担心把艾滋病传染给妻子。"

胡慎之没有急于澄清，只是静静地看着阿盛，而阿盛也不再急着辩解，开始陷入沉思。

这种时候，胡慎之知道，冰山已经开始融化，阿盛已经开始意识到，他对艾滋病的恐惧，其实是一种借口。有了这个借口，他就可以心安理得地不与妻子亲热，而这当然是对亲密关系的一种惩罚。

　　这种认识，是治疗开始发挥效力的重要转折点。胡慎之相信，他会帮助阿盛学会在和妻子的关系中直接表达愤怒，并最终会帮助他弄明白，他的愤怒从哪里来，那样阿盛和妻子的关系就会走向正常，而他对艾滋病的恐惧也会自然消失，他对桃花源之梦也会有更理性的认识。

Part 3

任何选择都有道理

为何爱会伤人〔珍藏版〕

谁是你人格的对立面

我在广州开过一个6天的课程——"自我觉醒之路",其中一个重要内容是引导学员形成矛盾的意识。

矛盾的意识,用最简单的话来说就是:看到A,也就看到了-A。

譬如,看到了内向,也就看到了外向;看到了快乐,也就看到了悲伤;看到了强势,也就看到了弱小……

这个道理貌似很简单,但真能用到具体的生活中并不容易,还是先讲一个故事吧。

选择是为了逃避自卑

一个初中同学有一个复杂的爱情故事:他讨厌自己的太太,觉得她不仅丑,而且说话总是不合时宜。总之他一看到太太气就不打一处来，说上一句话就吵，吵上三句就会动手，于是家里总是闹得不得安宁。

同时，他还有一个情人，非常漂亮，而且极其能干，在应酬场合，她不会说错一句话。

面对这种矛盾，他总是在想，一定要和太太离婚，一定要和情人结婚。而情人也说爱他，也多次说自己做好了准备，只要他离婚她就离婚。有时看到他没有离婚的勇气，她就说自己先离婚然后他再离婚……

这貌似是很正常的，毕竟这边是自己钟爱的条件优秀的情人，而那边是讨厌的面目可憎的太太。

但是，这个故事有很多离奇的地方。

首先，他是先和情人有约会的准恋爱关系，再认识太太的。所以，这个情感纠结的历史比他的婚姻还要长。

这很奇怪。我问他，既然先认识了情人，而他们又很相爱，那么为什么没有走到一起去。他回答说，那时他很自卑，觉得自己个子矮小且其貌不扬，而情人是那么漂亮迷人，他觉得自己配不上她，还担心她对他并不是真心的。

一开始不理解她是否真心，那后来呢？

和太太订婚后他很快就明白，情人对自己的爱是真心的，那时他就想退婚，但总是下不了决心，结果一拖再拖，越拖退婚难度越大，越拖和情人走到一起的代价越大。

在整个讲述过程中，他一再说"这是命"。在咨询中，同样一句话，如果来访者在短时间内说上三次甚至更多，我就会特别留意，并询问对方，这句话的具体意思是什么。这样做，经常会不经意问出非常有价值的结果来，而这次也不例外。

我问他，他一再说"这是命"，这样说的具体意思是什么。

他回答说，他是和太太相亲认识的，而在和太太相亲前，在父母安排下，他已和二十余个女子相过亲，什么样的人都有，但他谁都没答应，也不明白这是为什么。

和太太相亲是最后一次。他到了女方家，一进房间，看到屋子里坐着四五个女孩，其中一个明显最难看，他心里一咯噔，暗自祈祷说："千万不要是她。"

没想到，果真是她，而更没想到的是，他竟然应了。他觉得这是冥冥之中自有安排，所以说"这是命"。

这真是一个关键的细节，揪住这个细节，我一再问他，这个"命"是谁制造的？

最初，他说不知道，也许是老天爷之类的神秘力量吧。但最后，他承认，这是他的选择。

他的右手，有很严重的皮肤病。我问他，这种皮肤病是什么时候开始的。他想了想，说结婚后第八年。

我再问，那一年发生了什么重大事情？

他说，那一年，他第二个儿子出生了。他觉得，第二个儿子出生，给他的感觉就像是亲手在棺材上钉下了最后一颗钉子，他离婚的事情再无可能了。

所以，他恨自己的手。当他这样说时，我能看到，他的右手正微微颤抖。

我再问他，是谁想要第二个儿子。虽然我已有预料，但当他说是他主动和太太商量要第二个孩子时，我还是忍不住有一丝惊讶。

谈到这里，事情就非常清楚了。一开始，他说，是别的因素导致他不能和钟爱的情人在一起，譬如他的太太、孩子，他的父母和亲戚的反对等。但最后，他清楚地看到，一切都是他的选择。

这是意识和潜意识的分裂。意识上，他想和太太离婚，想和梦中情人共度人生，但潜意识上，他根本不想离婚，根本不想和梦中情人一起过日子。所以，尽管和看似完美的情人早就相恋，但他还是选择了与他认为又丑又不会讲话的太太结婚，这是他的渴求。或者说，看似完美的情人，是他意识上的渴求，而看似一无是处的太太，是他潜意识上的渴求。

他潜意识上渴求什么呢？

答案他前面已经给出。他说了，和看似完美的情人在一起，他很自卑。其实不只和她在一起自卑，和其他女孩在一起，他都很自卑。对此，他承认说，那时不只和女孩在一起自卑，在任何人面前他都有强烈的自卑感，他觉得自己很丑，别人不会真心接纳他，只是因为他特别会开玩笑，能给大家带来乐子，所以他的人缘看起来还不错。

"那时，你觉得自己很丑？"我请他注意他的这句话。

"这有什么奇怪的吗？"他回答说，"那时我是这样觉得的，但后来越来越强壮高大，并且挣钱越来越多，这种感觉就没了。"

"你讨厌自己丑吗？"我再问。

"讨厌！"他回答说。

"这种讨厌，和你对太太的讨厌像不像？"

听我这么问，他感到震惊，因为对自己丑的讨厌，和对太太丑的讨厌，这的确是蛮像的。

我解释说："你对太太的讨厌，其实是对自己内在一部分的讨厌。你内心有一个自卑的小孩，你将这个自卑的小孩投射到太太身上了。也即，你将对自己这一部分的讨厌投射到你太太身上了。

"假若没有太太，这种讨厌就会是你内心的战争。但是，自己讨厌自己这种感觉太痛苦了，而将这种内心的战争转化成外在的关系里的战争，自己就可以获得很大的解脱了，只是这样做伤害了太太。

"这也是你为什么没有选择和看似完美的情人一起生活的重要原因。假若这种内在的冲突没有得到化解，那么，你选择的情人越优秀，你就会越自卑。整天生活在自卑中的感觉很不好受吧？相反，如果选择一个条件很差的配偶，整天让她自卑，而自己高高在上，是不是会舒服很多？虽然这会有很大代价，但毕竟高高在上的滋味还是比自卑要好很多。"

聚焦自己内心深处

我这个初中同学的故事，可以很经典地诠释"看到了 A，也就看到了 -A"的道理，这在很多方面都有体现：

无比渴望和美貌情人一起生活是 A，而 -A 就是惧怕这种生活，或者说，这种看似美好的生活有巨大代价；和"又丑又不会说话"的太太一起生活的痛苦是 A，而 -A 就是在这种生活中隐藏着的巨大好处。

情人的"完美"是 A，而他在情人面前的自惭形秽就是 -A；太太的自卑是 A，而他在太太面前的高高在上就是 -A。

以前，他看上去很自卑是 A，而他对高高在上的感觉的渴求就是 -A；现在，他看上去很自信是 A，而他内心中藏着一个自卑的小孩就是 -A。

总之，他的意识和潜意识是分裂的，意识上渴求 A，但潜意识上恋栈 -A。A 的程度看起来有多强，-A 的程度看起来也就有多强。对于他而言，意识和潜意识之间的鸿沟太宽了，以至于意识对潜意识的秘密一直没有觉察，这导致他十多年来一直生活在严重的冲突中。

那么，该怎么化解这一冲突呢？关键是将注意力的焦点从外部转移到自己的内部来。以前，他会一直盯着太太和情人，在两者之间犹疑，总是想着该如何在她们之间做选择，但现在，他要明白这是自己内心的事情，答案不再是她们之间的二选一，而是他该如何改变内心。

要改变内心的方法很简单，就是拉近 A 和 -A 之间的距离。譬如，对于他而言，这么多年来，A 的分数可能是 9.5 分，-A 的分数相应也是 9.5 分。这就是一个巨大的分裂，但假若 A 和 -A 的分数都逐渐减至 7 分、5 分乃至 3 分，那么冲突就逐渐减轻了。而内心的冲突减轻后，外部的冲突也会相应减轻。

在"自我觉醒之路"的课程中，我留过一个看起来很简单的作业：用 5～10 个形容词描绘"真实的自己"和"理想的自己"。

其实，这就是 A 和 -A，真实的自己就是 A，理想的自己就是 -A。

真实的自己是怎么形成的？或者说，我现在的个性是如何形成的？是在关系中形成，更具体而言，就是童年时在与父母等重要亲人相处时形成。

新精神分析流派的客体关系理论认为，当孩子呈现某种品质时，得到了父母的亲近，即在关系中的奖励，孩子就会执着于这种品质，并将其视为"好我"。

相反，当孩子呈现某种品质时，遭到了父母的疏远，即在关系中的惩罚，孩子就会惧怕或抵触自己这种品质，并将其视为"坏我"。

通常而言，"真实的自己"也即"好我"。

"好我"和优点不一样，"真实的自己"中有很多缺点，我们会觉得自己某些个性已经严重不适应目前的生活需要了，非常想改变却改变不了。

但这只是从当下的情形来看的，而假若去审视我们的童年会发现，几乎所有"真实的自己"中的个性，都曾经在与父母的关系中获得过很多好处。也就是说，在我们潜意识深处，其实是将这些个性视为"好的"，认为这些个性会给自己带来很多好处。长大后，我们或许一时碰触不到潜意识深处的感受和想法，于是忘记了这些个性曾给自己带来的好处。

譬如，3 名学员问我，他们的孩子怕猫怕狗，这是怎么回事。还有一些学员也反映过类似问题，但这 3 名学员反映的问题有一致性，都是他们的孩子怕那种小型的狗，而对大型的狗，惧怕却要少很多。

那么，很简单，猫和小型狗，会让人联想到什么呢？就是毛茸茸的宠物，必须仰赖人的照料才能生存，而且特别在乎主人的关注。

再了解他们的故事会发现，他们的孩子在相当程度上就堪称完美宠物，非常黏人，缺乏独立性，胆子小，同时又蛮好玩。

在我的理解中，因为他们的父母不喜欢孩子有独立意志，所以这些孩子为了维持与父母的关系，尽可能地继续获得父母的亲近和认可，同时又免于惩罚，不得已变得像宠物一样了。但是，他们又不喜欢自己这个样子，只是不得已而为之罢了。

平时，这些孩子的注意力在别的事物上，并不容易看见自己，就没什么问题，但当那些小宠物站在他们面前，就像照镜子一样照出了他们的存在，于是他们一下子变得恐慌起来，但他们其实恐慌的是自己的本来面目。

总能找到你的 -A

找到 A 比较容易，但看到自己身上有 -A，这就是一个相当困难的挑战。

前天，和一个企业家朋友聊天时，我谈到了这个道理。他觉得很有意思，但这好像不能用到他的身上，因为他觉得他非常和谐一致，看不到自己内心有 A 与 -A 的冲突。

"是吗？"我说，"这很有意思，请你列一下你的个性吧。"

他列了以下几个：负责、勤劳、善解人意、顽固、强势……这几个个性的相反面很容易找到，就是"不负责任、懒惰、任性、灵活、容易受人摆布"。他觉得，这些 -A 他身上没有。

"你自己身上没有，你身边的人有没有呢？有没有这样一个人，他和你的关系很重要，而他恰恰具备你的这些 -A？"

他想了想说，他的父母和兄弟姐妹都是一样的。他的配偶没有他那么负责和勤劳，但也只是程度上弱一些。

思考片刻，他忽然激动地说："我的搭档。"他说，搭档的确是和他完全不一样的人，那些 -A 在搭档身上都有，最近他们老起冲突，甚至已经闹到了准备散伙的份上。

非常有意思的是，他们每次起冲突都是同一个模式：他交代一些相对容易的任务给搭档，然后委婉地、和风细雨地、温和地引导搭档，这个任务可以通过什么方法完成。但是，到了最后他发现，搭档总是会莫名其妙地使用自己固有的一些办法来做工作，而且总是完成不了任务。这时他们就会吵架，吵到激烈的时候就彼此威胁闹散伙。

我问他，这种模式在他的生活中有过吗？

他想了想，说没有。

但是，我已从一些不起眼的细节中猜到，他的妈妈在他小时候就是这样对待他的，于是我直接问他，小时候妈妈是怎样教他做事的。

他愣了一下说，妈妈对他的方式，和他对搭档的方式，只有最初的部分是很像的，妈妈也是委婉地、和风细雨地、温和地引导他。但面对妈妈，他是非常温顺、非常乖地聆听妈妈的教诲，并按照妈妈说的方式去完成任务，而且还常常比妈妈设想得更好。

"像一个乖孩子一样完成妈妈的教诲，这是你的 A，那么，你的内心中有没有过相反的渴望呢？例如根本不想按照妈妈的意思做事，而完全为所欲为，也就是像你的搭档那样，甚至远比他更过分？"

他再一次愣住了，那种渴望，他自然是有过，只是已经很久远了，而且似乎已很微弱了。但这越微弱，就越要寻求表达，因为这是我们内心深处最重要的渴望，它被压抑得如此厉害，以至于意识上完全不能聆听到。这时，最好的方式就是找一个人，让那个人替自己表达这种呼声。

我说："这就是你为什么选择这个搭档的原因。相信以你识人的眼光，如果纯粹为了公司的经营，你可能根本不会选择这个搭档，但有一些莫名其妙的、偶然的理由，令你硬是选择了这个搭档。这不是你做生意的需要，而是你内心的需要，你需要找一个人，把你内心深处被严重压抑的东西投射到他的身上，那样看到了他，也就像是看到了你自己。你要感谢你的搭档，他满足了你的内心需要，甚至这个需要比成功更重要。这个搭档成了你的替罪羊，让你可以理直气壮地将你内心的冲突转嫁到这个外部关系上来，从而在极大程度上减轻了你的痛苦。"

谁是你的第三者

所有确定性的根源就在于：你在并且我在！

这是马丁·布伯的一句话，这句话谈到马丁·布伯的哲学观核心——一个人只有在关系中，才能感受到自己的存在。

我们常讲"享受孤独"，但真正能做到这一点的，可能一万个人里都找不出一个。假若围裹着自己的，只有彻头彻尾的孤独感，一个人就会生出想死去的念头，因为没有关系的牵系，那感觉已接近死。所以，德国哲学家弗里德里希·雅各比也说：没有"你"，"我"是不可能的。

马丁·布伯和弗里德里希·雅各比的这两句话一点都不晦涩，相信无数人都深有体会，当某一瞬间，觉得世界上了无牵挂时，自己就会生出死亡的念头甚至冲动来。

这种念头生出之前，你已有许多不舒服的感觉。这些感觉，用心理学的术语可以概括成"自体感的解体"，或者说是"自我存在感的消失"。

由此不难理解，为什么一个重要关系的结束，对一个人的打击会那么剧烈，因为没有谁能够彻底独立存在。

不过，必须澄清的一点是，马丁·布伯和弗里德里希·雅各比都是宗教哲学家，他们所说的"你"首先是上帝，其次才是人。

也就是说，他们认为，必须心中有上帝这个"你"，"我"才会有存在感。

但是，假若我们没有一个明确的信仰，那么，我们就会将对关系的全部期待放到与某个人的关系上，这样一来，这个关系便承担了不能承受的重量。

也许是"上帝"知道，一个关系承受不住一个人的生命重量，于是，每一个新生命，一开始便处于两个关系之中：他/她和妈妈的关系，他/她和爸爸的关系。必须看到的一个事实是，这天然就是一个三角关系。

尽管无数歌曲、小说和电影中的爱情都是两个人的，但从物理学和几何学上讲，两个人组成的关系只是一条线，脆弱、不平衡。相反，一个三角关系才容易是平衡的、稳定的。

所以，最好有孩子这个"爱的结晶"，否则夫妻关系便是不平衡的，难以经得起考验。如果一个妈妈和孩子的关系太过于紧密，那么这个三角关系就失衡了。爸爸会觉得没有自己的容身之地，于是他就会渴望建立新的关系。

三角关系中的一角不必非得是人，也可以是事业或其他事物。譬如，李银河和王小波没要孩子，但他们共同做同性恋的调查研究，也一起写书，那便是他们的"第三者"。

很多人想学习李银河和王小波。但是，假若只对人感兴趣，而对一个事业或爱好缺乏投入感，那么他们的关系一定是不稳定的，要么是他，要么是她，总会有要找一个真正的第三者的冲动。

男人很容易有一个共同的"第三者"——事业或爱好。当他们过于投入地做这些事情时，他们的爱人会吃醋，就像吃别的女人的醋一样。我一个朋友爱摄影，每当他认真地调照片、擦镜头或表现出对相机爱不释手时，他的她便会大发脾气，就仿佛相机和镜头是情敌。

但她也有她的"第三者"——女儿,她差不多把80%的精力投入到女儿身上。

这也是多数家庭的共同特点,男人的"第三者"是事业,女人的"第三者"是孩子,这样每个人都处于三角关系中,家庭因而变得比较稳定。

有智慧的女子知道,老公最好要有一个嗜好,要么嗜好事业,要么嗜好旅游、收藏、摄影、音乐或体育等,嗜好便是稳固的第三者。所以,我对我这个朋友的太太说,"你最好接受相机和镜头这种情敌,否则你可能就要面对真正的情敌"。

不要期望把你的全部注意力放到一个人身上,也不要期望那个人的全部注意力放到你身上,这种状况一定只是暂时的,它非常不稳固。

我和多名做第三者成瘾的女子聊过,她们坦言,其实在她们的"爱情故事"中,一个重要成分是——"击败另一个女人"。这个成分非常重要,甚至比"得到一个男人"还重要。因为这种内心深处的或明或暗的想法,她们其实会逃避二元关系,一旦当男人真下了离婚的决心时,她们反而立即逃跑,结束这个关系,然后再开始一场新的爱情,继续做第三者。

显然,这种第三者成瘾的女子是有心理问题的,她们想击败一个女人,这是一种病态的情结。按照弗洛伊德的理论,一个女孩,在 3～5 岁时,她会渴望在她与爸爸和妈妈的这个三角关系中占上风,即她会渴望爸爸爱她胜于爱妈妈(或家中其他女性),如果这个愿望没有实现(或被实现得太过分),它便会成为一个固着的愿望,隐藏在潜意识深处,一旦找到机会便会渴望实现它。有第三者情结的女子,会对单身的男子不感兴趣,因为在单身男子这里,她找不到"击败另一个女人"的机会。

所以,一个已婚男人对他的情人说:"我爱你,想离婚和你在一起,但我不敢这么做,因为我感觉得到,如果我这样做了,你便会离开我。"

我杀死了一个23岁女孩

> 我亲手杀死了一个23岁的女孩,她刚刚大学毕业。不过,没有人知道是我杀死了这个女孩。
>
> 并且,只要我不说出是我杀死了她,人们就都认为是我丈夫杀死了这个女孩。

菲菲是我在一个课程中遇到的同学,她来上这个课程,是因为她面临着一个巨大的难题——离婚还是不离婚。

表面看上去,她好像没有什么理由不离婚,这个婚姻好像也快没救了。但是,我和她聊了一次后发现,她的几次恋爱和这次婚姻都有一个特点:都是在相处两年半的时候结束的。此外,也知道她两岁半时妈妈和爸爸离婚,而她跟爸爸。

这显然是一种轮回,是她自己在潜意识的驱使下不断重复两岁半时被妈妈"抛弃"的痛苦经历。我指出了这一点,并明确告诉她,这是她的潜意识主动追求的结果。

同时，主持这个课程的老师也给她做了一次治疗。当天晚上，她做了上面描述的那个梦，而醒来后，她没有动弹，而是保持刚醒来时的姿势不动，然后让梦中的这些情节一个个地在脑海中进行自由联想，通过这个办法，她很快明白了这个梦的含义。

关键是23岁的女孩这个情节。对于这个情节，她联想到自己23岁时，那时她大学毕业。23岁堪称她生命中最亮丽的时刻，其中一个典型事件是她在学校一次活动中被评为校花。

两年后，她结婚了。结婚后，她觉得，她的漂亮和风采会给丈夫造成压力。于是，她努力收敛起自己的活力，很少参加社交活动，不买漂亮衣服，甚至有时故意把自己打扮得丑一些。

这就是梦中她杀死那个23岁女孩的寓意了。她的确做了这样的事情，只不过杀死的是她自己。

一直以来，她觉得自己为丈夫做了太多牺牲，但丈夫却对她越来越冷淡，这让她非常愤怒，这是她提出离婚的一个重要原因。

然而，这个梦告诉她，是她自己杀死了自己，这是她的主动选择，并不是她丈夫的需要。所以，她要为这一点负责，假若她因此对丈夫有怨气，那就是她在玩嫁祸的游戏了。

事实上，她一直以来的确无形中在玩这个游戏，她的朋友们多数都赞同她离婚，其中一个重要原因是他们认为，她结婚后风采一天不如一天了。

不过，为什么会故意压制自己的风采呢？前面提到，这是因为她认为，她如果太漂亮了丈夫会有压力，他会觉得配不上她，也担心她招蜂引蝶。不过，在这次自我解梦中，她通过自由联想明白，这种想法的表面原因是她认为这是丈夫的需要。但其实它由来已久，并最初是在她的原生家庭中形成的。

她的妈妈也是美女，而妈妈与爸爸离婚，菲菲一个下意识的分析是，妈妈太漂亮，而爸爸不放心她，两人因而起了很多纠纷，最终导致了离婚。

不仅如此，爸爸也特别不喜欢菲菲把自己打扮得很漂亮。爸爸这样做，表面上的一个理由是，女孩子这么做是虚荣和轻浮的，但菲菲潜意识中的认识是，爸爸与她相依为命，很害怕她太受欢迎而远离自己。菲菲作为女儿，和其他女孩一样，愿意向爸爸表达忠诚，所以无形中一直压抑自己的风采。

"那么，你的丈夫呢？你能确定他也有类似的心理吗？"在菲菲讲完她的解梦后，我问她。她想了想，回答说，多少也有。

对此，我解释说，即便丈夫真的有这种心理，这里面也有很大的矛盾。是的，很多男人惧怕妻子不忠，为此会有意无意地向妻子施加压力，让妻子收敛其风采，但是，假若这个妻子真这样做了，甚至还做得很成功很彻底，那么她很容易收获一个恶果——她丈夫对她的兴趣日益下降，最终对她再无兴趣甚至抛弃她。

这种心理，就好像小孩子一样，一开始收获了一个迷人的礼物，非常爱惜，但礼物越来越破旧，最终被他扔在了一个角落里。

所以，不管丈夫是怎样的心理，一个女子都应保持风采。这样一来，她的情人或丈夫会有压力，但这种压力会让他更用心去珍惜。

同时，这个保持着自己风采的女子还可以让他相信，她对爱情是忠诚的。她可以既光彩照人又保持爱的忠诚，这并不是一对矛盾。

菲菲说，她接受这个道理。她之所以压制自己的风采，是因为她将这两点视为不可并存的矛盾，但她相信，她从现在起可以学习一边找回那个23岁女孩的风采，一边又让自己和丈夫相信爱的忠贞。

这是一个稍稍长远的目标了。而更现实的一个启发是，菲菲说，通过这个梦，她愈加明白，她原来之所以如此迫切地要和丈夫离婚，一个重要原因是推卸自毁的责任，而一旦将这个责任承担到自己身上，离婚一事似乎就不是那么迫切了。

忠实男友屡有新欢

前两天晚上,我梦见我男友对我说,有一个女教师喜欢上他,而他觉得她也挺好的。

听到他这么说,我心里挺不舒服,直到现在,我还记得那种感觉。

然后没多久,我就碰上他推着一辆自行车和她一起去逛街。我很好奇,想知道他们是不是真的要交往了,所以悄悄地跟在他们后面。他们逛了一会儿后,两人各自进了男、女厕所。随后,我醒过来。

之前,我还有三次梦到他有第三者,差不多是每隔两三个月就会做一次这样的梦。

相比第四次,前三次更糟糕。有一次,我梦见他与另一个女孩好上了,那女孩还怀孕了。而这些都是一个男人告诉我的,那男人还对我说,他也喜欢我男友,他们偶尔还会在一起。我当时就觉得恶心，原来他还是同性恋。

现实中的我，虽然有点怀疑男友对我的感情，怀疑我们的未来，但我没想过他会有第三者。男友总说他很喜欢我，对我很忠诚，我也没有发现任何迹象证明他有外心。

这是为什么啊？

为什么每隔一段时间就会梦见他，每次结果都是背叛？

并且，为什么我将他的形象丑化得那么厉害，现实中我从没想过他会是同性恋啊？

我很迷茫，不知这梦是预告还是相反的。

分手背后的心理诡计

电话中，林雪听起来是一个很爽朗的女孩。

她承认这一点，说自己是一个藏不住心事的人。每次做了男友有"新欢"的梦后，她都会把梦告诉男友，并且"添油加醋一番，然后说他很坏"。之后，两人都会吵几句，林雪说："我是（下意识地）借机和他吵。"

被"冤枉"了的男友自然会反击，并反驳她说："一定是相反的，其实是你想找新欢。日有所思，夜有所梦，你白天胡思乱想了，晚上就做了这样的梦，却栽赃到我头上。"

林雪知道自己的梦有些怪异，因为她没有看到有迹象表明男友花心，"我只是感觉上对他有怀疑，怀疑他对我不好，我们的感情不稳定，没有未来"。"你想和男友分手吗？"我问她。

她没有直接回答我这个问题，而是说，他们相爱三年了，一开始还好，但因为男友整天忙工作顾不上她，"我心里很不舒服，便和他吵，吵过后他就会好一点，但不久又恢复到老样子"。

尽管很不满，但林雪从未直接提出过分手。相反，她倒是老对男友说："你另找一个女孩吧，我们不合适。"

这就是这个梦的答案了。

正常的人，爱过之后提分手，都是一件艰难的事情，因为这会伤害对方。不管对方让自己多么不满，但毕竟是爱过，所以想到分手都会难过。

而有部分人，等意识到对方将提分手时，会争着先提出分手，与其被抛弃，不如先抛弃对方，那样心里会好受一些。这些抢着提出分手的人，内心的安全感相对较低，他们很惧怕被伤害，那样显得自己是弱者，而对方是强者。

然而，也有很多人，尽管是自己想分手，却不想伤害对方，于是希望对方主动提出分手，这样造成的伤害就少一些。

这些等着对方提出分手的人，内心的安全感相对较高，他们虽然也不想自己被伤害，但相对于伤害别人，他们宁愿被伤害。

必须强调，其实在很多情形下，等着对方提分手的人，并不比抢着提分手的人更有"良心"，更懂得爱。相反，等着对方提分手的人，从另一个方面来说，其实是不想承担"做坏人"的恶名和责任。

海灵格说，一场感情，无论其变得多么糟糕，但做出结束的决定并将其提出来，都不是很容易的事。因为，主动提出分手的人，显然应该承担更大的责任，更容易被斥责为"情感刽子手"，被认为是伤害这场感情的肇事者。我们不想这样做，不想被外人斥责，不想留下口实让对方指责，也不想承担由此而带来的内疚感。

于是，很多情侣就那么耗着。海灵格说，他看到大量的案例：两个人的感情其实早就"死亡"了，两个人对此都心知肚明，并且真切地感受到，这个关系对双方都造成了束缚和伤害，两人都想结束，但是，为了不承担"情感刽子手"的恶名，两人硬是可以耗上几年，只是为了等待对方提出分手。

林雪正是如此。

她说，她对这场感情没有信心，因为"男友不能给我承诺，让我感觉不到可以结婚的信心"。但其实，是她不想给男友承诺，是她不想与男友结婚。

自相识后，男友多次提出，想带林雪去他家。通常，这是迈向婚姻关系的一个重要标志，但林雪每次都拒绝了男友，她说"我不是那么想去"。"为什么不想去呢？"我问林雪。

她勉强承认，她对男友缺少感觉，而且"他的工作一般，前途渺茫，我不是很看好"。

事情再明确不过了，林雪显然是想和男友分手。但是，林雪自认是一个善良的女孩，而且朋友们也都这样说她，她喜欢自己的善良。

这样问题就来了——她想在分手这件事上仍留下"善良"的名声。又想分手，又想留"善良"之名，而男友显然又爱她，那怎么办呢？最好的办法就是，男友有了第三者。

所以，林雪才会对他说："你去找别的女孩吧，我们不合适。"

所以，林雪会梦见男友有了第三者。

弗洛伊德说，梦是愿望的实现。男友有第三者，这也恰是林雪藏在潜意识浅层的愿望。当这个愿望实现后，她就可以一箭双雕了：理所应当地分手，并且没有任何内疚感。此外，还会有道德上的优越感。

这是很微妙的心理。尽管她对男友说"你去找别的女人吧"，但她又说："如果他做了错事，如果他一旦出现这种情况（找了新欢），我会恨死他，我会毫不留情的！"

在电话中，即便在这个时候，已经明显有了强烈情绪的林雪仍然没有说出"分手"两个字。

或许，对于她来说，分手是一个道德上的巨大污点，自己绝不能这样做，最好是男友找了第三者，而且还是男友提出分手，那样"我会把一切责任都归咎到他身上"。

也就是说，在结束感情这件事上，男友应该负100%的责任，而她没有一点责任，相反还是一个受害者，是一个值得同情的对象。

但是，这种"完美愿望"是很难实现的，因为男友喜欢她，既不会去找第三者，更不会提出分手。于是，林雪只好不断地做这种怪诞的梦。

两种心态让我们不愿提分手

像林雪这样的心理，是非常常见的。我听到过很多故事，一些男人和女人，他们总是"被抛弃者"，尽管有过多次恋爱，但他们从来没有主动做过"感情终结者"。为了等待对方提出分手，他们可以等一年、两年、三年甚至许多年。

譬如，一个25岁的女孩，她21岁起开始和一个男孩谈恋爱。那个男孩住在她家里，她的父母"像对待亲儿子"一样对待她的男友，在他毕业时帮他找工作，在他工作上遇到麻烦时帮他解决。她也无微不至地照顾男友，"自信是一个完美的女朋友"。但是，这个男孩，却和另一个女孩上床了。被她发现后，他乞求她不要和他分手，因为他还爱着她。

这个女孩说，为什么这个男人这么恬不知耻,得到了这么多还背叛她？我问她，既然这个男孩这么糟糕，为什么不和他分手？她承认自己对他已没有爱，她的父母已经非常反感他，这个男孩也没有威胁她如果分手就报复她或她家人，但她就是说不出"分手"两字。

再谈下去，这女孩终于承认，她最恨的是，这个没有廉耻的男人为什么不主动滚出她的家,从她的视野消失。

自认为在某一方面完美的人,势必在这一方面存在着严重的心理问题。这个 25 岁的女孩恰恰如此,她自认为是"完美的女朋友",所以不能犯一点错误,不能像"坏女孩"一样"水性杨花",也不能做"感情的终结者"。

"完美的女朋友",必然伴随着"坏透的男朋友"。否则,衬托不出她的完美来。从这一点上讲,这个女孩内心深处,或许是很依恋这个男孩的,因为只有这样,她的完美情结才能得到满足。相反,如果她碰上一个"完美的男朋友",只怕会手足无措,不知道该怎么享受。

这是很多人提不出分手的重要原因。

以下两种心理,让人做不了一个"感情的终结者"。

第一,赌徒心理。即,我投入了 10 分,希望对方能回报 10 分,但对方却只回报了 1 分,我太不甘心了。于是,我继续投入,希望能拿回那没有得到的 9 分。但对方一如既往地不肯给予回报,于是自己的损失越来越大,而"不甘心"的心态也越来越强。

第二,自恋心理。这样的人有另一种"完美情结":我很聪明,我永远不会错。于是,当他们发现自己选错了一个异性时,他们非常难过,但主要不是为了这个异性带给自己的伤害而难过,而是为"我怎么会看错他(她)"而难过。由此,他们拒绝直面这个事实。相反,要么是拼命遮掩,对别人说,恋人是多么好;要么是拼命去改造恋人,希望恋人能变得好起来,但这种改造,目的并非是为了恋人好,而是为了满足自己"没有选错人"这种自恋的心态。

所以说,不肯与"错误的恋人"分手的人,并不都是"好人"。他们为了追求自己的"完美情结"和道德制高点,既牺牲了自己的幸福,也会牺牲对方的幸福。因为,感觉最终仍将是压倒一切的东西,他们不可能回避这一点,勉强与恋人生活在一起,最终使得他们对恋人的反感和敌意越来越浓,这样下去的话,就算不分手，对恋人也将是一种折磨。何况，很多有这种心态的人，最终还是选择了分手，那对恋人的伤害会更大。

真爱，需要决心、勇气和真正的责任感。**懂得真爱的人，要为对方负责，但同样需要对自己负责。那些一味在恋爱中扮演"永远不会错"的人，其实恰恰是不懂得真爱的人。**

一位女士，年轻谈恋爱时，觉得对男友没感觉，于是相恋一个月后提出了分手。男友很爱她，又很善于哄女孩，他用了浑身解数去哄这个女孩回心转意。那女孩知道他是在哄他，但看到他对自己这么好，不忍心离开，于是继续交往下去。再过一个月，仍然没有感觉的她再次提出分手，他再次使出浑身解数去哄她，她再次不忍心，于是继续交往下去。再过一个月，她再次提分手，他再次哄她……这样循环了 12 次后，他们结婚了。

结婚后，丈夫对她一如既往地好，她一如既往地没感觉。但结婚意味着承诺，而她又极重承诺极善良，并认为这是自己最大的两个优点。她不忍心破坏自己的这两个优点，但她也无法改变自己不爱丈夫这个事实……

终于，在婚后的第四年，因为丈夫赌气说了句"那就离婚吧"，她抓住这句话，与丈夫离婚了，并且一再对他说"是你想和我离婚的"。即便这个时候，她仍然不愿意做"恶人"，不愿意承认，是她想和丈夫分手。

但她仍一如既往地善良。离婚后，想起前夫这么多年来对自己无微不至的爱，她陷入了深深的抑郁，甚至想到自杀。

这时，她才明白，真正的善良就是尊重自己的感受，在相恋的第一个月时就分手。

她们为何偏偏做第三者

第三者可以分两种：被动的第三者和主动的第三者。

陷入感情的旋涡后才知道对方有恋人，这是被动的第三者。知道对方有恋人但仍然投入感情旋涡，这是主动的第三者。

对于后者而言，做第三者，常常是一种渴望，一种瘾。

初中时，我的一个同学说，他这辈子最大的愿望是做 10 次第三者。虽是同年级的同学，但他大我几岁，初中毕业后不久便结婚生子，已失去联系快 20 年，不知他是否将这种愿望付诸了行动。

相对而言，男性的主动第三者似乎不多。在我们的文化下，还是女性的主动第三者居多。譬如，在百度贴吧"第三者"吧中，发帖和回帖的，主要是女性，以至于一个帖子纳闷地问道："为什么这里 90% 的都是女性？"

对于女性主动做第三者的微妙心理，女作家盛可以在她的小说《道德颂》中做了细致入微的刻画。小说的女主人公旨邑与刚过了不惑之年的水荆秋有了一段情缘，而水荆秋有一个太太梅卡玛，于是，旨邑就成了第三者。

从情节上看，是水荆秋先去引诱旨邑的，但从心理上看，做第三者是旨邑的一种嗜好。

因为，早在认识水荆秋的三年前，旨邑就做过一次第三者：

旨邑成功摧毁一个家庭，对方正准备和她结婚，她顿觉索然无味，很无情地结束了那段感情。她似乎要的不是婚姻，她进行的不是一次恋爱，而是击败另一个女人（潜藏的敌人）。旨邑曾有戏言，和未婚男人谈恋爱平淡无奇，充满了和平年代的军人式的空虚无聊。和已婚男人则每天都有嚼头，每天都有战况，令她饱受折磨。

人们通常以为，第三者渴望将爱人占为己有。对于被动的第三者而言，这可能是成立的，但主动的第三者的真正目的并不在此，她们渴望的恰恰是三角恋本身，一旦三角恋变成双人舞，她们立即会觉得索然无味，于是全身而退。

以前那场三角恋如此，现在这场三角恋也一样，盛可以写道：

事实上，旨邑并不清楚爱是什么。爱，或者就是与梅卡玛一决高低。

与恋人的恋人一决高低，这便是旨邑这样的女子一次次主动陷入三角恋旋涡的深层目的。

在这种三角恋中，关键不是与恋人相厮守，关键是一决高低。并且这种决战最好永远进行下去，最好永不结束，一旦恋人的恋人离开了，一决高低的条件便不存在了，这时，以前主动做第三者的女子便会主动退出。

这样的故事，并不罕见。

盛可以的《道德颂》写得鲜血淋漓。旨邑有意怀上了一对双胞胎，想以此迫使水荆秋离开梅卡玛而娶自己。但水荆秋拒绝了她，也许是他的潜意识早就懂得了旨邑这样的女子的心机。他隐隐知道，一旦他离开了梅卡玛，这场三角恋就没有了"一决高低"的条件，而他对于旨邑便失去了吸引力。

结果，旨邑堕胎了，杀死了这对双胞胎，也杀死了对水荆秋的渴望，最后他告诉她,梅卡玛久病难医,一直靠做透析勉强活着。原来,旨邑想象中的强大对手却是一个不堪一击的病弱女子。

对此,盛可以在小说中写道:"她命中注定有此一劫。"

因为这些情节,这部小说显得触目惊心。不过,对我而言,这部小说的刺激性远不如 23 岁的女孩 Lisa 的一个梦想。

Lisa 是一家媒体的记者,年轻漂亮而又才华横溢。一次和我深聊后,她告诉我,她有一个关于第三者的梦想:

我想找这样一个已婚男人,他帅气又有才华,有一个女儿。我接近他,他爱上我,并与妻子离婚。

女孩不要判给妈妈,要判给他。女孩一开始恨我,非常恨我。但是,我很爱她,付出了巨大的努力,终于获得了她的爱与认可。最后,她爱我这个后妈胜过爱她的爸爸和她的妈妈。

Lisa 的梦想如果就此结束,尚算正常。但她还有接下来的恐怖幻想:

女孩的妈妈蓄意报复,朝我泼了硫酸,我被毁容,我的爱人无比懊悔,他挖掉了自己双眼。我很丑了,但他看不见,我们就此厮守一生,爱的都是彼此的灵魂,而不是容貌、才华和金钱。

为什么一些女子会主动做第三者?盛可以的《道德颂》给出了回答,Lisa 的这个梦想也给出了回答。

爱的失衡催生第三者情结

三角恋很容易被口诛笔伐,被视为洪水猛兽般的异端,但实际上,我们最初爱上一个异性时,几乎必然是处于一个三角关系中的。

这个三角关系,便是一个孩子和他的爸爸、妈妈的关系。

一般情形下，一个孩子第一个爱上的人势必是自己的妈妈，因为妈妈不仅哺育他，满足了他的物质需要，也给了他温暖与安全，而满足了他的情感需要。

但到了 3～5 岁，孩子们对异性父母的爱达到了一个高潮。弗洛伊德将这一阶段称为俄狄浦斯期。这一阶段，儿子渴望妈妈爱自己胜过爱爸爸，而女儿则渴望爸爸爱自己胜过爱妈妈。敏感的父母会很清楚地感受到这一阶段孩子的心理特点。譬如妈妈可能会感觉到儿子很黏她，有时会刻意疏远爸爸，而爸爸则会发现女儿很黏他，有时会刻意疏远妈妈。

俄狄浦斯期是一个人情感发展的重要阶段。如果这一阶段得以平稳度过，孩子与爸爸和妈妈的三角关系既充满爱又没有明显的失衡，即异性父母既爱孩子又爱自己的配偶，那么这个孩子长大后对爱情就会有正常的渴望；但假若这一阶段没有平稳度过，那么这个孩子对爱情的渴望就容易出现种种问题。

俄狄浦斯期的偏差有许多种类型，容易出现的是妈妈爱儿子胜过爱丈夫和爸爸爱女儿胜过爱妻子。在这种家庭长大的男孩以后会有强烈的恋母情结，女孩则容易有强烈的恋父情结。

但假若出现了另一种偏差——孩子是俄狄浦斯期三角关系的失败者，那么这个孩子就容易出现第三者情结。

可以说，第三者情结是一种弥补。童年时，一个孩子是俄狄浦斯期的三角关系的失败者，长大了这个孩子就会有意无意地渴望陷入一个三角关系中，渴望将一个异性从其爱人身边夺走，一旦成功了，就可以弥补他的童年时的失败。

然而，这不是一个简单的竞争关系。有第三者情结的人，并不会追求简单的成功。相反，他们有着强烈的矛盾心理：一方面他们渴望竞争成功，将一个异性从其爱人身边夺走；另一方面，他们又畏惧这样的成功，所以一旦看到成功即将降临时，他们就会逃跑。

之所以畏惧，源自俄狄浦斯期的两种复杂心理：首先，不管同性的父母多么令自己不满意，一个孩子天然会渴望获得同性父母的爱，假若异性父母单纯地爱自己胜于爱配偶，这个孩子会产生强烈的负疚感和罪恶感；其次，对于幼小的孩子而言，父母是无比强大的，孩子渴望获得异性父母的爱，但他们同时也会畏惧来自同性父母的惩罚。

这种复杂的矛盾心理在《道德颂》中体现得淋漓尽致。旨邑渴望将水荆秋从梅卡玛身边夺走，而这种渴望的潜意识深处的含义是，将"爸爸"从"妈妈"身边夺走。

然而，一旦这种渴望真正实现时，她又会立即逃走。水荆秋没有给她这个机会，于是她似乎一直渴望打败梅卡玛。在认识水荆秋的三年前，她已做过一次第三者，但当那个男人和妻子离婚并准备和她结婚时，旨邑断然结束了这个关系。盛可以用"索然无味"来形容旨邑当时的感受，但除了这种感受，更深层的感受或许是内疚感和罪恶感。

这种内疚感，最后旨邑强烈地意识到了。盛可以写道："此刻，旨邑仍感觉对梅卡玛的巨大歉疚，她后悔给病弱的梅卡玛打电话……"

这是一种奇特的迷局。我听到几个故事都是这样：当男人结束与妻子的婚姻关系，准备娶另一个主动陷入这个三角恋的女子时，这个女子反而后退了。

这不难理解，在童年时，一个小女孩决不会渴望妈妈离开家，她渴望的其实只是爸爸既爱妈妈也爱她。

做第三者只是想弥补童年的亏欠

如果一个家庭有多个女儿，可能会出现更复杂的关系。这时，容易产生的情形是，某一个女儿在爸爸心中被列在最后一位，既是与妈妈竞争时的失败者，也是与姐姐或妹妹竞争时的失败者。

假若这种情形出现，这个女子可能会收获这样一个结果：既难以与年长的同性交往，也难以与同龄的同性交往，她会倾向于与所有的同性为敌。

琳是一个33岁的广州美女，但看起来不过二十五六岁。从21岁到现在，她谈过三次重要的恋爱，三次都是三角恋，每次都是她事先知道对方有女友或家室，而且用情很深。

第一次恋爱是大学刚毕业时，当时琳和十来个同龄人去郊游，晚上大家挤在一个大房间里打地铺，都睡不着，于是一个挨一个地讲起自己的感情。一个男孩自豪地说，他有一个很漂亮的女友，她非常爱他，他也非常爱她。

琳回忆说，这个晚上大家聊完后，她就爱上了这个男孩。她说，这个男孩很帅气很优秀，所以她爱上了他。但这个晚上如此重要，我猜测，琳之所以爱上这个男孩，是因为这个男孩有一个优秀的女友，琳潜意识深处渴望和这个女孩一较高下。这个女孩越优秀，这个男孩越爱她，琳对这个男孩的渴望就越强烈。这和旨邑的渴望是一样的，"她似乎要的不是婚姻，她进行的不是一次恋爱，而是击败另一个女人"。

很快，看似性格被动的琳主动追求这个男孩，而这个男孩也脚踏两条船，周旋在两个美女之间，但当她们两个逼男孩做抉择时，男孩毫不犹豫地回到了女友身边，这令琳大受打击。此后，尽管追求者很多，尽管男人女人都夸她性格好且漂亮迷人，但她一直非常自卑，认为自己不可能得到一个男人全部的爱。

23岁时，琳遇到了一个有妇之夫，他狂热地追求她，她则很快陷了进去。

为什么这么做？为什么有很多单身男子的追求者，但她却选择了一个有妇之夫？对此，琳回忆说，她当时的确认为，她担心自己得不到单身男子的爱，而得到一个有妇之夫的钟爱，却是比较容易的事。

在旁观者看来，这种逻辑比较奇特，因为已经有了一个竞争者，而且还是强有力的竞争者，怎么会还容易得到钟爱呢？但在琳看来，这种逻辑却是不容置疑的。

或许，真实的理由是，琳之所以一次又一次陷入三角恋中，意识上是认为有妇之夫更容易钟爱她，潜意识深处是要发起一场战争，将另一个女人击败。

对琳而言，她潜意识深处要击败的女人有两个：妈妈和妹妹。琳说，她5岁的时候有了一个妹妹，而这个妹妹出生后，爸爸明显将大部分心思都转移到了妹妹身上，而对她很忽视。

岂止是忽视，有时还是侮辱。

琳记忆中最深刻的一件事是6岁时，当时家里条件比较差，没厕所，用的是痰盂。晚上，她正蹲在痰盂上，这时爸爸抱着小妹妹过来也要用痰盂。不可思议的是，爸爸没打任何招呼就抱着妹妹朝琳的身上撒尿。

琳平静地讲述了这件事，似乎没任何情感反应。我问她感受是什么，她回答说，事情过了这么久，她没什么情感反应了。但聊得很深入时，她说，这件事让她有极大的羞辱感，让她觉得自己没有任何价值。

这是琳在男性面前自卑的根本原因。这件小事表明，在爸爸的眼里，她的尊严都不如妹妹一个小小的生理需要更重要。如果这种事情一再发生，那无异意味着，她在与妹妹的竞争中，是一个彻底的失败者，妹妹的重要性永远凌驾于她之上。

在爸爸心中，琳不仅不如妹妹重要，也不如妈妈重要，这是琳童年时的人生真相。她拒绝接受这一人生真相，而渴望得到弥补，甚至彻底改正。于是，等她成年后，她忍不住会陷入一个又一个三角恋爱中，渴望在这样一个三角关系中打败一个女人。

然而，她真正想打败的，其实首先是她的妹妹，其次是她的妈妈。

说打败可能是说得太重了，琳说她感觉不到自己有这样的渴望，她所渴望的只是获得一个男人部分的爱，即她希望这个男人不要将爱全给予太太，只要分给她一部分就可以了。

我问她，她理想中的恋爱是怎样的。

她说，只要在一些重要的日子，譬如五一假期、十一假期和她的生日，她的爱人能陪她一起度过就可以了，平时只要一两个星期能见一次面就足矣。

我开玩笑说，她真是一个完美的、没有麻烦的情人。

她看上去的确是完美的情人。不仅相貌出众，工作和收入也很好，并且她很少向恋人提要求，她和第二个男友交往了八九年，期间只给他的妻子打过一次电话，其他时间，她都是尽量不给他"找麻烦"。

第二个男友很爱她，几次发誓说要娶她，一次已经到了实质阶段，他准备和妻子离婚，但琳却劝他不要这么做。

显然，和其他主动的第三者一样，琳并不想真正打败一个女人。

恐怖幻想中的重要一面是和解

Lisa 对我讲出了她的梦想后，开始去了解关于俄狄浦斯期的论述，并对自己的梦想进行了分析。

她有过两次重要的三角恋，恋人都已结婚，而且都有一个女儿。她说，有一个女儿是非常重要的条件。如果他们没有女儿，她不会和他们纠缠。

这个女孩象征着什么？Lisa 说，其实就是她自己"内在的小孩"。

她介入这样一个家庭，假若成功的话，她就会成为这个女孩的后妈。Lisa 说，她渴望做后妈，真的是渴望。

后妈又意味着什么？其实就是 Lisa 自己的妈妈。她回忆说，自己小时候经常想，她的妈妈是不是后妈，否则为什么有时对她会那么不好。

由此，可以看到，Lisa 的第三者梦想中的后妈和女儿的关系，其实就是童年时母亲和她的关系的再现。

所以，在这个三角恋中，女儿是最重要的。相比之下，Lisa 觉得，那个男人和他妻子显得不是那么重要了。

当然，她和其他主动的第三者一样，也是渴望击败一个女人，从这个女人手中夺走一个男人。这是童年被压抑的渴望的再现。

但是，童年时她不敢真做到这一点，因为她惧怕被妈妈惩罚。她的幻想中也体现了这一点，"前妻"向她泼了硫酸，而她爱的男人则弄瞎自己的双眼，这是一个何等惨烈的结局。这个结局，看似是 Lisa 有点疯狂地渴望自虐，其实，反映的是她为什么不敢真正地把一个男人从他妻子身边夺走，因为她害怕被惩罚。

这是 Lisa 的幻想中充满冲突的一面，但还要看到，她的这个幻想中的重要一面是和解。在幻想中，她渴望女儿最后爱后妈胜于爱爸爸和亲妈，其实是渴望她"内在的小孩"和"内在的妈妈"得到和解。

不过，这也有点欲盖弥彰。女儿爱后妈胜于爱爸爸，这正是 Lisa 在现实生活中一直所做的，她很渴望与爸爸亲近，但这会引起她的焦虑，唤起她对妈妈的内疚感和罪恶感。于是，她事实上整天和妈妈黏在一起，表现得和妈妈无比亲近，但真正渴望的还是和爸爸更亲近。

这一情结的纠葛是一种左右不得的局面。现实也再现了这一点。Lisa 两次重要的三角恋，不管男人们多么宠她，但最后都拒绝为她离婚。

具有讽刺意义的是，男人们这样做，既是自我保护，也是在保护主动的第三者。因为，假若他们真离婚了，他们便失去了吸引力，本来吵吵嚷嚷要嫁给他们的第三者就会逃跑。但她们之所以逃跑，并不仅仅是"索然无味"，而是在逃避自己内心的罪恶感和恐惧。

三角恋中藏着虐待与被虐待的关系

主动的第三者看似是爱得死去活来，但真相其实是，她们在主动营造一个施虐与受虐的关系，而这是她们童年失衡的亲密关系的再现。

假若一个女孩在和父母的关系中受到了严重的忽视。那么，首先，这个女孩对父亲有愤怒，她会想，为什么人这样对她。其次，她对母亲有醋意，渴望把父亲从母亲身边夺走。最后，她自己有深深的自卑感及负罪感，因为她认为自己的愿望非常邪恶。

这个女孩长大后，如果变成了一个主动的第三者，那么她会把这三种情感都投射到自己主动营造的三角关系中。

第一，她会很爱那个男子，但也会抓住种种机会直接或间接地攻击他，质问他为什么对自己不公平。

第二，她会对恋人的妻子有复杂的态度，有时想攻击她，有时又很幼稚地渴望和她和解。

在百度贴吧"第三者"吧中，转载了"情人写给爱人妻子的一封信"。在这封信中，第三者列举了自己的种种优点，并批评了爱人妻子的种种缺点。这无非是说，她比爱人妻子更懂得爱他。这就像一个处于俄狄浦斯期的小女孩一样，认为妈妈缺点太多，而自己很优秀，更配得到爸爸的爱。《道德颂》中也描绘了很多这样的细节，如：

> 她唯独不愿对水荆秋使用聪明——她相信他是心怀苦衷地爱她。面对他，她愿意拔掉咬人的锋利牙齿，毁掉刻薄的心肠，扭转鄙夷的眼光，她要宽厚、温和、善解人意——要比梅卡玛更女人。

第三，她会有强烈的自卑感、负罪感和内疚感。所以，常常渴望受虐，因为不管看似多么理直气壮，她都认为自己是在干坏事，这不需要别人的谴责，她会自己谴责自己，自己惩罚自己。

爸爸、妈妈和孩子这个三角关系是我们绝大多数人必经的一个关键阶段。在这个阶段，爸爸和孩子、妈妈和孩子、爸爸和妈妈这三个关系同等重要。假若这三个关系都是充满爱的、和谐的，那么一个孩子就会形成非常健康的爱的模式，等他长大后，就会将这个爱的模式投射到自己的爱情和家庭中。

这是至关重要的一点。

如自己频频陷入三角恋迷局，而且事先均已知道所爱的人已有爱人，那么就要好好反省自己是否有第三者情结。如果是，就要好好去认识这个情结，不要重蹈覆辙。

Lisa 意识到了自己的问题，她主动去看了多半年的心理医生。经过这多半年的心理治疗，她脑海中的故事脚本发生了改变，尽管那个恐怖的第三者梦想仍然存在，但已变得没那么有诱惑力。她现在真正渴望的，是和一个能理解她、尊重她的普通人相爱。

琳也在逐渐意识到自己的问题，最近，她又一次对一个已婚男人产生了爱的冲动。这种冲动不能立即消除，但她知道自己正在做什么，所以没有将自己的冲动付诸实施。

她们为何非杀人犯不嫁

  嫁给杀人犯，这是一名美国女子做出的选择。

  据报道，这名叫贾丝廷·默斯的女子从 4 岁起就对谋杀故事和杀人犯有一种畸形的爱好，她还在自己的后背上刻了 6 个大写的字母——MURDER（谋杀）。当她终于如愿以偿地嫁给恶名昭彰的杀人犯汤姆·尼森时，已经 32 岁了，这在美国也算是晚婚了。

  默斯是从电影《男孩别哭》中知道尼森的，这部电影改编自一个真实故事：

> 21 岁的美国女子蒂娜·布兰登的性别认同有问题，认为自己是男孩，并化名"布兰登·蒂纳"与拉娜约会。拉娜的朋友尼森和约翰·洛特发现布兰登的真实身份后，强奸并残杀了布兰登。

  默斯最先相中的是另一个杀人犯洛特，她先给他写信，接着又去监狱探视他，但两人没有碰撞出火花，于是默斯又转而向尼森求爱。从 2004 年起，她和尼森接连通了一年半的信，最后决定嫁给尼森，而在做这个决定前，她还没有见过尼森一面。

不过，即便洛特也不是默斯的"初恋"。在洛特之前，默斯曾向美国两个臭名昭著的连环杀手——至少杀害 48 名女子的"绿河杀手"盖里·里吉威和至少杀害 10 名女子的"BTK 杀手"丹尼斯·拉德写过求爱信，但这两个"名气"更大的杀手都没有理她。显然，嫁给杀人犯——默斯的这个梦圆得并不容易。

成都女孩对劫匪一见钟情

发生在大西洋彼岸的这件事，听起来有点惊世骇俗。不过，广州白云心理医院的咨询师荣伟玲说，嫁给杀人犯的这种冲动并不罕见。

荣伟玲说，她在成都做咨询时，有一天一名二十来岁的女来访者迟到了。这个女孩解释迟到的理由时说，在来咨询室的路上，她遇到两个劫匪，他们用暴力把她逼到角落里，抢走了她身上所有值钱的东西，然后放走了她。按说，遇到这种事情，一个人应该会感到害怕，大受刺激。但这个女孩说，非常奇怪的是，她一点都不害怕，只是觉得有点兴奋。并且，她在路上还做了一个白日梦，梦见她和那两个劫匪睡在一张床上。不过，只是睡在一张床上，其他什么事都没发生。

这个女孩的白日梦并不难理解。她的童年非常糟糕，她有一个脾气非常暴躁的父亲，小时候挨了不少打，而且父亲在打她的时候常常会失去控制，这给女孩留下了不少可怕的回忆。荣伟玲说，有过这样经历的女孩会形成一种特殊的矛盾心理。一方面，她们对父亲恨之入骨；但另一方面，她们很容易对有暴力倾向的男子一见钟情。这个女来访者正是如此，两个劫匪对她实施了暴力，但她却对这两个劫匪产生了一点类似一见钟情的迷恋。

童年受过的苦，我们长大后一般至少要再重复一次。童年受苦的时候，弱小的我们无处可逃，只能接受。成年再受一次类似的苦，其实是埋着这样一个愿望：

<u>这一次，我要做主，我要修正童年的那次错误。</u>所以，有一个暴虐老爸的女孩，容易迷恋上同样有暴力倾向的男子。她们这样做，就是因为想证明一下，她们可以修正童年的那次错误。虽然别人觉得这个男子的暴力倾向已经无可救药了，但她们却总是怀着一个单纯的梦想——"我可以用我的爱来改造他"。

"改造梦想"让她们迷恋杀人犯

这种改造当然很难做到，暴力倾向太厉害的男子，一般伴随着恶性自恋。他们很少反省，很少认错，生活中有了什么问题，也总会归咎到别人身上——哪怕再牵强附会，然后就对别人大打出手，而妻子和孩子是他们最容易找到的归罪对象。

其实，有过暴力老爸的女子，她们当然知道，自己的妈妈也曾经有过类似的梦想——用爱去改造丈夫，而这种改造当然是很难成功的。但即便如此，这样的女子也难以抵挡有暴力倾向男子对她们的吸引力。这种吸引力，我们经常用这个词——"感觉"来形容。那些真诚、体贴、善解人意的好男人，她们从理智上知道他们很好，但就是没感觉，而且面对他们时会无所适从。这是因为，她们没有学会和好男人相处，并且这样的好男人不能让她们重温童年的梦，也难以唤起她们的"改造梦想"——这正是所谓的"感觉"的真正含义。

一方面，抵挡不住改造梦想；另一方面，妈妈的经验告诉她们，改造梦想很难实现。那么，怎么办？

找一个有暴力倾向但不能实施暴力的男子，当然是最好不过的选择了。譬如默斯，她选择嫁给尼森，但这个杀人犯注定要把牢底坐穿，几乎没有机会对她加以任何肉体伤害。并且，国家权力机器也站在她这一边，和她一起实施伟大的改造工作，这是多么安全而又可靠的选择啊。

所以，美国有无数的"默斯"迫不及待又坚韧不拔地抢着嫁给杀人犯。这就导致了一个"怪现象"：许多恶行累累的杀人犯，却在进监狱后做了新郎。

连环杀手特德·邦迪，在监狱中结婚，并在执行死刑前做了父亲；约翰·韦恩·盖西，谋杀了数十名年轻人，他在被关进死牢后订婚；蒂莫西·麦克维，制造了俄克拉荷马爆炸案，夺走了168条生命，但他在行刑前收到了数十封求婚信……

可以料想，默斯前两次"恋爱"失败，很可能是因为竞争者太多，毕竟"绿河杀手"和"BTK 杀手"太出名了。

嫁给潜在的杀人犯才真正疯狂

嫁给关在监狱里的杀人犯，这种行为看似疯狂，但实际上很聪明。通过这种看似疯狂的举动，"默斯"们一方面圆了自己内心深处的改造梦，另一方面又成功地保护了自己，她们是没有任何危险的。

但还有无数的女子嫁给潜在的杀人犯，这才是真正可怕的选择。无数有过暴力父亲的女孩，会像飞蛾扑火一样迷上同样有暴力倾向的男人。尽管意识上非常清楚这些男人很危险，但她们就是无法抵制爱的"感觉"。她们潜意识深处想改造这个危险男人，其实是想改造自己的父亲，修正自己不堪回首的童年。

然而，如果她们的丈夫自己不想改变，那么她们就会失败。结果，她们的新家庭又继承了原生家庭的特点，而暴力就这样一代又一代地循环。据统计，60%的凶杀发生在家庭成员之间。潜在的杀人犯变成了真实的杀人犯，而且被杀害的人，经常是那个一开始想改造暴力丈夫的妻子。所以说，嫁给潜在的杀人犯，这才是真正疯狂的举动。

譬如那个成都女孩，如果她不处理一下自己的潜意识，真正搞明白自己所谓的爱的"感觉"。那么，她很可能会将改造梦想付诸行动，迷恋上身边一个有暴力倾向的男子，疯狂地爱上他，然后遭遇一系列可怕的折磨，再次重演童年的不幸。

改造梦想源自不甘心

荣伟玲说,改造梦想源自不甘心。小时候,我们无人可爱,只有去爱爸爸妈妈。如果爸爸妈妈不爱自己,我们就会想,这是自己的原因,如果自己做了一些努力,或许爸爸妈妈就爱自己了。这个想当然的梦想当然不会实现,暴力父母很少会因为孩子做了什么,而放弃自己的暴力行为。于是,再次遭到打击的、幼小的我们就把这个梦想埋在潜意识里。

等我们长大了,遇到了和父母很像的男子或女子,这个埋在潜意识深处的梦想就会被触发。于是,我们就有了爱的感觉。我们深信,如果我们做了一些艰苦的努力,这个"爸爸妈妈"就会改变。

一开始,我们总能收到一些效果,毕竟我们现在的人格力量和童年不可同日而语,而且这个"爸爸妈妈"为了得到我们的爱会在关系建立初期克制自己的暴力倾向。但是,等关系确立以后,我们就会发现,我们的这个梦想不过是空想,这个"爸爸妈妈"是不会改变的。

要克服"改造梦想"带来的感觉诱惑,最好做一次深度心理咨询。在深度心理咨询中,咨询师会帮助我们重新认识不幸的童年。那些有过可怕童年的孩子,都无一例外地扭曲过真相,甚至会粉饰得好像自己的童年比谁都幸福。但咨询师会和我们站到一起,帮助我们化解这些扭曲的感觉,让我们懂得,我们的童年的确是不幸的,这真的是非常悲哀。

接下来,咨询师会帮助我们做一次"结束哀伤"的工作。譬如,写一封长长的信,然后举行一个哀悼仪式,将它烧毁,以这种仪式对自己童年的不幸说一声再见。

只有做了这些工作,我们的"改造梦想"才会被真正放弃,而嫁给杀人犯的这种冲动和诱惑才会真正消失。

要求恋人鼓励我过分吗

武老师：

你好！执迷于对自己内心理想父母形象的追求，难道是不可取的吗？

当经历了七年之痒后，我们发现对方原来在某一方面或几方面完全和自己幻想中的不一样。我想大部分人都遇到过这样的情况，也就是我们开始面对了对方的本真。在这种情况下，理想的做法是接受对方的本真，和他继续相爱，但如果即使理解也无法接受呢？

这就是我的问题所在。我现在和恋人的问题集中在一个问题上：我因为童年的家庭模式，导致自我评价很低，所以我希望恋人能帮我建立积极的心态，不断地鼓励我，肯定我，激励我甚至鞭策我。我特别羡慕那些志同道合的夫妻，互相鼓励，共同探讨，共同寻找出路，共同进步。

可我的恋人不是这样的，他说他在心里一直是支持我的，但他觉得他做不到我希望的那样，也认为用不着，他懒得说那些话，即使说了也都是些不疼不痒、轻描淡写的话，无法引起共鸣。其实他的行为也是他的内部关系模式导致的，我已经比较清晰地认识到了这一点，甚至可以说是深深地理解他了，可是谈到接受他的做法，我实在很难做到。

难道我的期望是很不合情合理的，是虚妄的吗？世界上没有人能做到吗？

我是该抛开幻想继续和他的真实自我生活在一起，还是结束这种关系，而寻找一个符合我幻想的人？

当然我的理想是首先应该由我承担重大责任，我应该自己逐步树立信心，完成宏愿。但是我希望我的恋人至少不要是个局外人，至少能做到跟我共同探讨人生的疑惑。

要补充的是，我的恋人在生活上很照顾我，也容忍了我很多行为。我身体有病，他不嫌弃我；我不想要孩子，他也赞同我的决定；我曾经和他父母有过冲突，关系一直很难处理，他最后还是决定和我生活。所以我对他的其他方面，可以打 85 分以上。

恋人曾经问过我："难道在其他方面你对我都很满意，仅仅这一点，你就要和我分开吗？"

请问武老师，我究竟该怎么办？

彤彤

彤彤，看了你的来信，我想问你一个问题：你真的渴望幸福吗？

这个问题，我最近问过很多人。如果是读我文章比较多的朋友，我就会这样问："你到底是更在乎幸福，还是更在乎你的想法？"

其实不难发现，对你而言，你的幸福并不重要，重要的是你的梦想——一定要找一个能"不断地鼓励我，肯定我，激励我甚至鞭策我"的老公——必须实现。

哦，这个想法是如此重要，以至于你有相当的决心，宁愿放弃一个"其他方面可以打 85 分以上"的老公，也要实现你这个梦想。

你问："难道我的期望是很不合情合理的，是虚妄的吗？世界上没有人能做到吗？"

这几个问句中可以读出你隐隐的决心仿佛是，你宁愿走遍全世界，也一定要找到那样一个男人。

这样的男人未必很难找，或许你不必走遍全世界就可以找到，不过，或许这个男人只有这一个优点，而其他方面只能打 15 分。譬如，他可能会一边酗酒一边很自信满满地"鼓励你，肯定你，激励你甚至鞭策你"；他还可能会是一个完美主义的男人，一方面像吃了迷幻药一样地鼓励你，但一旦发现你实在是一个不可救药的怎么都自信不起来的笨女孩，他就开始暴躁了；他还可能是一个自己很不怎么样的男人……

总之，满足你这一个幻想的男人应该不难找，但是，你做好了冒险的准备吗？

或者，还是回到最初的那个问题上来，你认真地问问自己：我到底是渴望幸福，还是渴望这个想法得到实现。

但可能你很聪明，你立即发现，这两者并不矛盾。你说，你的幸福就建立在这个想法能不能实现上，并且，你相信有那样的男人，他既具有你现在老公的优点，还可以几十年如一日地"鼓励我，肯定我，激励我甚至鞭策我"，而且不管你最终能否变得自信都不会失望和失去耐心……

如果是这样的话，我或许得说，你得等到基因技术出现不可思议的进步的那一天，那样，你就可以去定制一个这样的男人，而自然出产的男人，是做不到这一点的。

也或许，这样的男人也有，只是，他是否愿意和你在一起呢？

你要的究竟是幸福，还是一个幻想？

请原谅我上面那有点不严肃的口吻，我可能是看了太多类似的故事，有太多人对于唾手可得的幸福毫不在乎，而宁愿舍弃一切去实现自己一个执着已久的想法。这些故事看多了，我慢慢地就失去了所谓的同情心，因为到底同情这样的人什么呢？要知道，这个结果正是他自己所追寻的啊。

相信你也并不希望被同情，你只是希望得到"鼓励、肯定、激励和鞭策"而已。但是，这个希望真的是那么重要吗？

你其实是在推卸责任

在我看来，你的这个希望中藏着一个假定：你童年时没被鼓励、肯定、激励和鞭策，所以你成为一个没有信心的女孩，并有了现在的一系列问题，而假若你童年时得到了父母的鼓励、肯定、激励和鞭策，你就不会有现在这些问题，并成为一个很自信的女孩。

这个假定，会让自己舒服很多。因为，首先，你现在的问题是你的父母造成的，你不需要负太多责任；其次，你现在的问题的答案也不在你自己身上，而在你的恋人身上，如果你现在的恋人是完美的，他就可以帮你解决这个问题，如果他不行，世界上也一定会有一个男人帮你解决问题，但这个问题你解决不了。

这样的想法，是推卸自己的责任，是将自己成长的希望寄托在另外一个人身上，于是，自己不自信的时候，就会责怪这个人：你怎么还不变成我渴望的那种人啊！

找到一个愿意鼓励、肯定、激励和鞭策你的男人其实不会太难，但假若你认为你能不能改变的条件就在于找到这样一个男人，那么我可以断言，你永远发生不了真正的改变，你归咎于人的游戏会持续一生。

你的男友不愿意按照你所期望的做，这可能是如你所说，有他自己的内在原因，但也或许，他隐隐知道，你是在玩推卸责任的游戏，他的潜意识的智慧指引他不中你的招。

失衡的关系不能带来幸福

你在来信中说："我的恋人在生活上很照顾我，也容忍了我很多行为。我身体有病，他不嫌弃我；我不想要孩子，他也赞同我的决定；我曾经和他父母有过冲突，关系一直很难处理，他最后还是决定和我生活。"这给我的感觉是，他不像是你的老公，而像是一个父亲在满足一个女儿的依赖心理。

这样的关系模式并不罕见，很多恋爱一开始都是失衡的，一方在扮演另一方的父母。但是，这种关系模式最好不要一直持续下去，否则，这种外在的失衡最终会导致双方内在的失衡，那时至少有一方会产生到外面去寻找平衡的想法或冲动，这是很多婚外情的重要原因。

并且，严重失衡的关系中，双方都有着很大的怨气。喜欢依赖的一方的怨气是，"我这么柔弱，你怎么还不保护我，你这个坏蛋"；喜欢付出的一方的怨气则是，"我做了这么多，你怎么还不听我的，你这个坏蛋"。所以，一个和谐的亲密关系需要付出和接受的平衡，而这种平衡，在你的来信中还看不到，我看到的，都是他在付出，而你还不满，因为觉得他不是完美的"父亲"。

接受才是解决问题的关键

你说,你的要求不高,只是"希望我的恋人至少不要是个局外人,至少能做到跟我共同探讨人生的疑惑"。但是,若你的恋人来和你探讨他的人生困惑,并希望你能给予他"鼓励、肯定、激励甚至鞭策"时,你愿意这样做吗?

很多父母不能给予孩子鼓励和肯定,而是习惯性地批评和挑剔孩子,那是因为他们的内心深处有一个"内在的挑剔父母"和一个"内在的无助小孩"。当他们批评和挑剔自己的孩子时,其实不过是他们将自己的矛盾投射到他们和孩子的外部关系上而已。在这种环境下长大的孩子,他们可能会极度渴望改变这种关系模式,渴望找一个完美的父母,那样就可以用一个完美的新的外部关系模式来改造自己的内在关系模式了。这样的想法乍一看很美,但它常出现两个问题:

第一,优点和缺点是相辅相成的,所以完美的父母不存在。你的老公的众多优点满足了你的很多需要,但他的这些优点必然伴随着缺点,你的一些需要他势必不能满足,这一点你除了接受别无他法。因为不管多完美的恋人都一定有他的缺点。

第二,需要警惕自己角色的变换。童年时,你被挑剔。现在,你可能反过来开始挑剔恋人。并且,无论如何你都不满足,而这不满足是为了有挑剔的机会。

要想脱离这种困境,办法或许只有一个:接受。首先是接受童年的欠缺,接受自己父母的真实形象,放下对父母的怨气。其次是接受恋人的不完美,明白无论多么好的恋人都不可能完美,而且恋人的优点与缺点总是并存的。最后,感谢那些已经拥有的一切,试着将注意力放在自己已经拥有的事物之上。这时,你就会看到,那"其他方面的 85 分以上"的成绩有多好。

同时,多问问自己,我成长的责任该谁负责?或者,当心神不宁的时候,至少可以问自己一个最简单的问题:我要的究竟是幸福,还是一个幻想?

万里之外的爱

阿成不能明白,太太为什么既不和他在一起,又不和他离婚。

他们是 2004 年认识的,不到半年便结婚,结婚不到一个月便发生了一次战争——她扇了他几耳光,他则敲了她的头几下。

战争的第二天,她便收拾好细软离开了家,从此一去而不返。

他在广州,而她则先去了香港,又去了加拿大,后来在那里工作,再没回来过。

阿成很希望她回来,然后两人把离婚手续办了,这样他就好开始新的生活。但她拒绝了他,并且说,她还爱着他。

"既然爱着我,那你回来吧,我们重新开始。"但她也拒绝回来,理由呢,有时说是怕被他伤害,有时说怕见到他。

她爱他,看起来好像是真的。一次,她向他要一些个人资料,说办了一份遗嘱,万一她出了意外去世,他便是她财产的唯一继承人。

一次,在电话里,她是那样柔情蜜意,阿成被感动了,于是手写了一封很长的信,厚达几十页,回忆过去的点点滴滴,还把他们过去的一些经典照片放到一起,好让她一起回忆。

而她呢，收到信后，据说看都没看，便把信撕了，随手扔在垃圾桶里，而照片却留下来，还弄了几个漂亮的相框放在自己住所最显眼的地方。如果有客人来了，她便指着照片上的男人说："看，这是我老公，帅吧？"阿成的确很帅，客人都会点头，说你的老公看上去真不错。

这时，她便会和客人讲他的为人、他的职业和他们的一些事情，就好像他们还很甜蜜似的。

"她常说，我是她唯一的亲人。"阿成问我，"但是，这样的亲人，有什么意义吗？"

"有，"我回答说，"有强烈的象征意义，有重要的象征意义。"

这个象征意义便是，她有一个法律意义上的丈夫，这个人从法律上属于她。因为这一点，她的世界便不会那么孤独，或者孤独起来也不会那么可怕。假若一个人，任何人都不能牵系，这个人会想死。

的确如此，阿成若有所思地接着说，有时候，当他孤独到可怕的时候，想一想这个法律上的妻子，他会觉得好受很多。

并且，她的确是阿成唯一的亲人，他的姥姥姥爷、爷爷奶奶和双亲都早已去世，而一个姐姐也在去年患了癌症去世。她是阿成的亲姐姐，但因父母早早就离婚，她跟爸爸，而他跟妈妈，所以两人很少谋面。

阿成的妻子倒是有家的，父母都在，还有一个哥哥，但她怨恨父母过于重男轻女，抱怨自己一直受忽视，所以对父母和哥哥没什么感情，从来都认为自己是没有亲人的。

"我明白了这个象征意义，我其实也很看重这个象征意义。"阿成再问，"但她为什么就不敢回来呢？我们重新开始不也是一个很好的选择吗？"

"因为她爱的不是真实的你，而是她投射到你身上的一个幻影。"我说。

这个答案不是随口说的，我已了解，阿成是没法和她沟通的，不管他对她说什么，她都会否定他。显然，她心中有一个关于他的形象，但这个形象，与阿成的真实存在相差甚远，所以一旦阿成在她面前展示自己的真实存在时，她便会否定他，而说他是另一种样子。

她把他的几十页的信撕掉并扔在垃圾桶里，并不是因为她恨他，而仅仅是因为她不想看到他的真实存在。

爱他却又不回来，那是因为回到他身边，便会时时面对他的真实存在，这会时时让她有颠覆感，所以她拒绝回来——其实是拒绝在一起。

我问阿成："假若你计划去加拿大，她也一样不欢迎吧？"

"的确如此！"阿成回答说。

显然，她渴求的，是万里之外的爱。距离这么远，爱一个人便成了爱一个幻想中的人。但是，爱一个完全是幻想中的人，缺乏现实感，所以就把这个幻想投射到一个具体的男人身上，然后说爱那个男人。

这是一个极端的故事，但这个故事中的道理却可以呈现在大多数爱情中，起码大多数爱情的一开始，我们爱的其实都是自己投射到对方身上的幻影。爱得越痴狂，这种投射就越严重。

于是，相爱容易相处难。因为爱的是幻影，是一个孤独的游戏，而相处则要和一个真实的人打交道。这是真正的关系，这真的很不容易。

我还知道一些千里之外的爱。两人先是在网上认识，很快来电，爱得死去活来，然后争取到一个城市生活，结果到了一起后，关系迅速破裂。

这也是一些无性婚姻的秘密。两人只是一起生活，却拒绝那最亲密的关系，这样就不必去碰触灵魂的真相。

爱，太多的时候，是一个孤独的游戏。

依赖与反依赖的双重奏

瓦苏说，我们的心有三层结构，最外面一层是保护层，中间一层是伤痛层，而最深处一层是真我层。

保护层太厚，是我们绝大多数人的共同问题。因为这个厚厚的保护层，我们触碰不到自己的真我，也触碰不到别人的真我。结果就是，我们不仅常常感觉到要命的孤独感，我们也无法建立真正亲密的关系。因为真正的亲密，是两个人真我与真我的相遇。

保护层之所以太厚，是因为有太多的伤痛。我们惧怕这些伤痛，不敢去面对它们，于是使用了种种自欺欺人的办法，将这些伤痛包裹起来，并由此形成了保护层。

在研究生快毕业时，我给自己的人生立下两个目标：第一个是与孤独达成默契，第二个是在最值得珍惜的人面前表现出毫不犹豫的真诚。假若第一个目标达到，那么我将不再惧怕孤独，反而可以安于孤独，而假若第二个目标达到，我就可以拥有深度的亲密关系，那时所谓的心灵感应都会自然发生。

我想，这或许也是每个人需要的功课，因为我们都惧怕孤独，同时亲密关系也是绝大多数人最头疼的事情，似乎不管我们怎么努力，都难以建立真正亲密的关系。

真要安于孤独并享受亲密，就必须揭开自己的保护层。对此，我们会本能地感到惧怕，因为那时就得面对心中隐藏的伤痛。

不过，如果能从一个旁观的角度看看自己内心的伤痛是什么，对它先有一个了解，那会帮助我们更有勇气地去面对它。

3 岁前极易产生被抛弃的创伤

弗洛伊德曾说，人的两大动力是性与攻击。

弗洛伊德的这个说法引起了很多人的反驳，而现在的新精神分析学派、客体关系理论将其修正成人的两大动力是亲近与疏远。

可以看出，客体关系理论完全是从关系的维度去审视人心的动力的。与人亲近，尤其是与自己喜欢的人亲近，是我们的一大动力。但同时，有时适当地与人疏远，保持一种孤独，给自己一个空间，这也是我们的一大动力。

如果亲近的需要得不到满足，我们就会产生创伤；如果疏远的需要得不到满足，一样也会产生创伤。

既然心理学称，关系就是一切，一切都是为了关系，那么也可以说，人类的创伤基本都可以归为两类：亲近需要没有满足的创伤，疏远需要没有满足的创伤。

前一种创伤，即被抛弃的创伤；后一种创伤，即被吞没的创伤。

客体关系理论还称，我们成年后的人际关系模式，其实是童年时的人际关系模式的再现。同样也可以说，我们成年后容易袭来的创伤，其实是童年时早就被袭击过的创伤。

被抛弃的创伤，是极其常见的。它主要表现在，孩子与父母，尤其是妈妈的关系上。

这种创伤，简直可以说是一种普遍现象，因为孩子们想与妈妈亲近的需要普遍没有得到满足。

首先是，妈妈们的产假太短了。产假结束后，妈妈们就要上班了。

这个产假的设计，似乎只是用来给妈妈们恢复身体，而根本没有考虑到婴儿们的需要，结果导致孩子们在生命最早期就先有一个与妈妈分离的巨大伤痛。

心理学研究发现，孩子们3岁时才能形成"客体稳定性"的概念。这时，一个事物从他眼前拿走，他不会太慌，因为他知道这个事物仍然存在。但在客体稳定性的概念形成前，他要么会很慌，要么根本不在乎，因为他会认为，这个事物一旦在他眼前不存在了，那就是彻底消失了。

因为这一特点，孩子们对与妈妈的分离极其敏感。如果妈妈不见了，他们会非常恐慌，因为在他们看来，妈妈暂时的不见就意味着彻底消失，而妈妈是他们生命中最重要甚至是唯一重要的，所以和妈妈暂时的分离会造成相当的伤痛。

研究还发现，如果3岁前妈妈与孩子分离达两个星期以上，由此造成的伤痛就是不可逆转的。所谓不可逆转，即这一伤痛不会因为妈妈回来后好好安慰他而消失，它会一直留在孩子的心里，留待他以后自己去处理。

所以，比较完美的做法是，在孩子3岁前，妈妈与孩子没有重大分离。

最起码，在婴儿3个月大前，妈妈不要离开孩子。因为这3个月是至关重要的3个月，假若这一阶段妈妈对孩子很亲，将孩子照顾得很好，这个孩子就有了一个最基本的心理健康的基础。

最好这一阶段要延续到6个月时，因为心理学研究发现，像精神分裂症、严重的人格障碍等重性的精神疾病，常常是由于当事人在6个月大之前造成了严重创伤，而这是相当难治疗的。

另外，我们一般习惯由老人带孩子，这种普遍现象，对孩子而言一样是一种创伤，因为没有谁比妈妈更重要。

尤其是，假若孩子在很幼小的时候不断在妈妈和老人或其他抚养者之间来来去去的话，那也会造成巨大的创伤，因为每一次和抚养者的分离，都是一次被抛弃的创伤。

若在婴幼儿时遭遇与妈妈严重分离的创伤，等他们成年后，他们很难与女性和谐相处，同时也很难与其他人相处。

抱得太紧，会导致被吞没的创伤

妈妈与孩子的关系太疏远会给孩子带来创伤，而妈妈与孩子的关系太过于亲近也一样会带来创伤。

这后一种创伤，可以称之为被吞没的创伤。

一天，我带我们家的猫小白去我的工作室，它非常惹人喜爱，所有去我工作室的朋友都忍不住要抱它，而它也有些黏人，所以几乎来者不拒。

但很有趣的是，我发现它对两位女士很抗拒。她们抱它时，都将它抱得特别紧，而且怜爱得不得了。我发现，小白这时在用它的前爪用力在它和这两位女士的身体间撑出一个空间，而其他人抱它时，它都是很放松地躺在拥抱者的怀里，非常享受。

而且，其中一位女士不断地将小白抱过来玩，最后它怕了她，干脆藏在沙发底下不出来了。而有意思的是，这位女士似乎完全没意识到小白对她的这种抗拒，还认为小白很喜欢她。

类似的画面，我也曾见过。当时，一个年轻的妈妈紧紧地抱着女儿亲吻，而女儿将脸向外扭去，并用手用力地推开妈妈，但这位妈妈对女儿亲了一下又一下，完全没看到女儿对她的排斥。

每个孩子都渴望与父母亲近，假如父母对自己极亲近，那么孩子一方面会很喜欢这种感觉，但另一方面又觉得自己被吞没了。就像前面两个故事，拥抱者似乎完全接收不到被拥抱者的抵触，而这意味着，拥抱者看不到对方的真实存在，所以这真的是一种吞没。

并且，**被吞没的创伤，常常是与被抛弃的创伤连接在一起的**。假若一位妈妈自己小时候有过严重被抛弃的创伤，那么她对亲近的渴求就非常强烈，以至于她的伴侣会被吓跑，会感觉到厌烦，会想办法与她拉开一段距离。这样一来，她的亲近的渴求就在伴侣身上得不到满足，转而在孩子身上去寻求满足了。

孩子也会感觉到妈妈的渴求太强烈了，于是抗拒，但他的抗拒没有力量，而且因为种种微妙的心理，他甚至连抗拒的信息都传递不出去。最严重时，他甚至在意识上对妈妈完全没有了抗拒，但那时就会有更严重的问题产生。

被抛弃的创伤，也被称为分离焦虑。通常，我们在分离时都会伤心，这是轻度的分离焦虑。而有过严重被抛弃创伤的人，可能会在任一分离时都会体验过严重的分离焦虑，就像是心脏病发作，呼吸变得很艰难，空气似乎都有了重量，让自己喘不过气来，严重时会觉得生不如死。

分离焦虑的概念，学过心理学的人可能多少都有了解，但对于与这个概念相对的另一个概念——分离攻击——可能知之甚少。

所谓分离攻击，即当你觉得关系太过亲近时，你得发出攻击性的信号，以此与对方暂时有一定程度的分离。

然而，假若面对一个人的吞没时，你完全发不出攻击性的信号，甚至完全意识不到自己有分离攻击的倾向，那么这种分离攻击就可能会变成极具破坏力的攻击行为。

四川发生过一起恶性事件，一位四十多岁的男子将六十多岁的妈妈砍死。亲人和邻居对此百思不得其解，因为这位未婚男子对妈妈极为孝顺，而这位妈妈对儿子也照顾得无微不至，她每天都要去儿子家为他做一日三餐，旁人觉得这位妈妈为了儿子可以付出一切。

但是，这对母子的关系，可能就是小白故事的超级版。这位妈妈无微不至的照顾，令这个儿子有窒息感，但要么是他发出的拒绝信息妈妈收不到，要么是他自己根本发不出这个信息。结果，妈妈和他的关系一直都过于紧密，以至于他的世界真的被吞没了：他没有婚姻，也没有朋友，他的世界里只有妈妈一个人。最后，他内心隐藏着的分离攻击变成了杀死妈妈的犯罪行为。

亲密关系中的头号难题

被抛弃的创伤和被吞没的创伤，几乎总是在一起出现。它们先是一同出现在亲子关系中，而等这个关系中的孩子长大后，它们就会一并出现在情侣关系中。

我的多数女性来访者，都有严重的被抛弃的创伤，而她们来找我做咨询的关键原因，都是她们的先生开始逃避她们。再仔细了解，她们的先生则是有典型的被吞没创伤，也就是说，她们的先生没能力发出分离攻击的信号，或者发出了太太也接收不到。

我的一个来访者非常愤怒，因为她的男友有了第三者，于是她逼问他："你爱我不爱我？你是要和我在一起，还是要和我分手？快说，我只要你一句话。"

她男友给了很经典的回答："打死我也不说。"

她难以理解这个男人这句话的意思。而在我看来，这个男人无法说出"我想和你分手"或"我想离你远点"这样的分离攻击的话来，他不允许自己发出这样的言语，但他通过行动来表示这个意思。

很有趣的是，那个第三者和我这位来访者一样是有过严重的被抛弃创伤的女子，所以她们两个都将他抓得很紧。

后来，这个男人又对我的来访者说过一句话，"这种局面也不是我想要的"。对于这句话，我的来访者认为，他拒绝不了女人。

同样的，来到我工作室的男性，多数是有过被吞没创伤的，他们也一样为亲密关系而深深苦恼。

之所以男人和女人都如此苦恼，一个关键原因是，我们没有意识到，配偶不是我们情感缺失的答案。 这是一个很深的道理。

Part 4

走向真爱

为何爱会伤人〔珍藏版〕

男人是个什么东西

爱情是最重要的,爱情坍塌了,自己就活不下去了。无数女人如此感慨。

更具体地说,就是有一个男人是最重要的,他不在乎自己了,自己就活不下去了。

然而,对于女人来说,爱情是什么?

在小说《挪威的森林》中,日本小说家村上春树描述了女主人公绿子的爱情梦想。

"我追求的是一种单纯的真情,一种完美的真情。比方说,现在我跟你说我想吃草莓蛋糕,你就丢下一切,跑去为我买!然后喘着气回来对我说:'阿绿,你看,草莓蛋糕!'放到我面前。但是我会说:'哼!我现在不想吃啦!'然后就把蛋糕从窗子丢出去。我要的爱情是这样的。"

"但是我觉得这和爱情完全没有任何关系嘛！"我稍稍愕然地说道。

"有啊！只是你不知道罢了。"阿绿说道，"对女人来说，这其中有很重要的意义！"

"你是说把草莓蛋糕丢出窗外这件事？"

"是啊！我希望对方会说：'知道了！阿绿，我知道啦。我应该早晓得你不会想吃草莓蛋糕，我真是笨得像驴子一样不用大脑。对不起！我再去给你买别的。你喜欢什么，巧克力泡芙，还是芝士蛋糕？'"

"然后呢？"

"如果他这样对我，那我一定死心塌地爱他啰！"

　　绿子的草莓蛋糕的梦想，让男主人公渡边感到错愕。最初读小说时，我也觉得莫名其妙，觉得女人真是奇怪，难道这就是爱了？并且还觉得有些无聊，认为这样的小事都被赋予了那么大的意义，真是太沉重了。怎么能准确猜透女人的心思呢？再说，猜透了又如何呢？

　　这是女人的故事，但男人的故事又如何呢？

　　奥地利小说家卡夫卡被誉为"现代小说之父"，有非凡的感受能力，他与女友菲丽斯订婚，毁约，再订婚，再毁约，而第三次想订婚时，死去了。

　　为什么要这样做？因为卡夫卡认为，女人是通过男人证明自己的存在的，一旦结婚，他就有法律义务满足菲丽斯的这一需要。但是，这样一来，他就无法投入写小说了，而他又觉得自己是为写小说而生的，所以他对婚姻有恐惧。

真的为写小说而生的话，那就专心写小说吧。但他知道，自己同时又惧怕孤独，离不开女人的陪伴，他不要太深的爱情，陪伴就可以了。

所以，他选择了菲丽斯，和她订婚，因菲丽斯不够吸引他，但这不重要，只要有一个女人的陪伴就可以了。

但是，真到一起了，他发现，这仍然是一个沉重的义务，他惧怕，所以又毁约。

若卡夫卡碰到绿子，那会如何？绿子活泼可爱，心地单纯，又美貌诱人，但卡夫卡会惧怕她，惧怕她草莓蛋糕的爱情梦想。依照绿子的说法，似乎她只要一次这样的证明，证明这个男人可以无怨无悔地满足她的任性，然后就可以死心塌地地爱这个男人了。

然而，卡夫卡会知道，这种愿望会贯穿在生活中许许多多的细节中，似乎每一个细节都要么"通过男人证明自己的存在"，要么就会觉得爱情没有了，世界坍塌了。这实在会太沉重了。

他的爱情因痛苦而开始

我一个朋友K，他有卡夫卡那样的才情，也是无比敏感，而他的爱情也相当奇特。

他大一时和外校一个同乡的女孩相识，刚一见面时，他觉得如遭雷击，好像一下子被打蒙了。但这不是通常爱情的那种来电，而是非常痛苦的感受，那感受就好像在说：怎么可以有这样的女孩，她生活在一个无比狭小的世界里，好像小到一个玻璃球那么大，但她却全然地满足，完全没有意愿去看外面那广阔的世界。

相反，那女孩一见到他便来电了，是很美好的那种来电。从此以后，女孩开始对他穷追不舍，非常频繁地到他的学校找他。

K惧怕那种如遭雷击的感觉，所以总是逃避她。这样过了半年后，那女孩绝望了，她打电话向他哭诉说："我到底哪里不好，你为什么不接受我……"

听到她这样说，K 心软了，接受了她的爱，但那一刻却有失魂落魄的感觉。

更特殊的是他们的第一次拥抱，当女友紧紧地抱住他时，他觉得好像有一个碗口粗的木桩一下子戳到他的心里，那种感觉非常难受。

然而，非常有意思的是，一旦确立了恋爱关系，K 对女友极其在乎，总是惧怕她抛弃自己。

为什么 K 会有这样的爱情？爱情不是甜蜜的吗，而他的爱情似乎一开始就是痛苦的。

前面提到，我们内心的伤痛大致可以分成两类，一类是被抛弃的创伤，一类是被吞没的创伤。

因为有被抛弃的创伤，一个人就会无比渴望爱情，并在爱情中时时刻刻都渴望亲密，这样的人在爱情中会不明白什么是个人空间。

相反，因为有被吞没的创伤，一个人在爱情中反而会特别留意自己是否有空间，他会随时为自己保留一片天地，有时是独处，有时是保守一些秘密，有时则是将注意力从爱情中转移到别处，甚至是背叛。

对 K 而言，这两种伤痛他都有。

先是幼小的时候妈妈忙于工作，根本没时间陪他，3 岁前的记忆总是孤独，他总是一个人在家中，有时有奶奶在，奶奶把他照顾得很好，但是跟他并不亲近。因而，他有了严重的被抛弃的创伤。

接着，等他大一些后，妈妈对他非常依赖。他明显感觉到，对妈妈而言，似乎爸爸和其他所有亲人一点都不重要，他才是唯一，他才是妈妈的百分百，但这让 K 有被吞没的感觉。

因为被抛弃，所以惧怕孤独；因为被吞没，所以惧怕亲密。这双重需要和双重恐惧交织在一起，令 K 无法动弹。他既不能全然投入到和女孩成为男女朋友的关系中，也不能独立而专心地做事，就像卡夫卡一样，既不能结婚，又不能没有女人的陪伴。

亚历山大征服世界是为了逃避妈妈？

卡夫卡有一个严厉的父亲和一个非常依恋他的母亲，这导致了他人生的困局。不过，对这一点，他自己似乎了解得并不充分，尽管他是弗洛伊德的老乡，又是同时代的人，但弗洛伊德的理论看来那时还没有影响到他，否则也许他会明白，他与菲丽斯关系的困局，不过是他与妈妈关系的再一次重演而已。

我的一个来访者 D 总结说，他发现感受力和行动力似乎是一对矛盾，当他对别人的感受特别敏感时，他的行动力就变得差了很多，但当他对别人的感受完全不在乎时，他做事的效率就高了很多。

卡夫卡和 K，都是感受力极高的男子，他们被困在了这个迷局中，但行动力极高的人，一样也会被困住，甚至，他们的行动力都可能源自这个迷局。

亚历山大大帝是历史上最伟大的征服者之一，他率领数万马其顿士兵，征服了从希腊到印度的广袤疆土。

他为什么要去征服，他的动力何在？在电影《亚历山大大帝》中，你可以看到，他去征服的一个巨大动力是远离他的妈妈奥林匹亚斯王后。

与 K 一样，亚历山大大帝的妈妈将儿子视为唯一，她讨厌自己的丈夫马其顿老国王，甚至对儿子说："他不是你的父亲，你的父亲是太阳神阿波罗。"这种讨厌，在电影中给出的原因似乎是他瞎了一只眼，而在历史中，至少同等重要的另一个原因是他好色成性。那样一来，丈夫就不再是情感上的伴侣，于是女人就容易将自己的儿子变成自己情感上的伴侣。

电影着力描绘了亚历山大与妈妈关系的暧昧之处，很多时候，他们表现得更像是一对恋人，而不是一对母子。

这种暧昧会给儿子造成很多困惑：一方面，这是他想要的，他渴望与妈妈亲近，甚至渴望妈妈在乎自己远胜于在乎父亲；但另一方面，这又会让他对父亲有内疚，甚至还会恐惧父亲惩罚他。

不仅如此，当妈妈和儿子的关系过于紧密时，儿子就感觉自己被吞噬了，有窒息感，于是就要和这种窒息感对抗。

K彻底淹没在这种窒息感中，所以他有了那样的爱情，所以他的世界极其狭小：他是绝对的宅男，除了妈妈、妻子之外，他似乎什么都没有。

相反，亚历山大成功地找到了和这种窒息感对抗的办法，那就是去征服遥远的地方，越遥远越好，而他征服得越是遥远，他的母后就越抓狂。在电影中，当奥林匹亚斯王后在王宫里读到儿子写来的信时，她会在空旷的王宫里大声斥责儿子。看起来，她有种种斥责的原因，而她真正想斥责的是：你为什么远离我！但是，她不能理直气壮地这样指责儿子，毕竟，作为一个国王，有谁比亚历山大做得更好吗？！

同时，亚历山大也很心安，他做了一个国王最应该做的事情，同时，他似乎又可以不必内疚。

内疚，是有严重被吞没创伤的人的共同情感。K说，一次看电影，他觉得自己似乎可以孤身一人去电影描绘的那种金矿做工人，他可以承受那些苦，可以专心地去采金矿，那种投入做事的感觉很好。但电影看完后，他又觉得，自己不能这样做，因为那样一来就太内疚了，自己怎么可以背叛妈妈呢？怎么可以逃离妻子呢？

那该怎么办呢？他想到了一个完美的解决办法——灵魂出窍。更准确的说法是拥有身外身，一个灵魂和一个身体一起去金矿，而一个灵魂和一个身体留在家里陪妈妈与妻子。

完全的亲密会害怕被吞没

有过被吞没创伤的人总想逃离，理解了这一点，就可以理解男人与女人的众多不同之处。

譬如在性爱中，很多女人并不享受性爱本身，但绝大多数女人都特别享受性爱前后的那种温存，最好有充足的前戏，而性爱后再好好抱一会儿。

但是，偏偏有很多男人，既不愿意有前戏，也不愿意性爱后拥抱。尤其是对性爱后的拥抱，很多男人在感觉上会非常抵触。

性爱后不拥抱，会让女人很受伤，她们会想这个男人是不是把她们当作了性工具，而根本没有情感。但在男人看来，他们内心一个隐秘的声音是，如果是完全的亲密，自己就会被吞没，自己就会消失。

我的一个来访者便如此，他每次和妻子做爱后，都不愿意拥抱，要么是坐一会儿，要么是站起来走走，反正就是不愿意继续亲密地抱在一起。对此，他解释说："我不敢和妻子太亲密，那样一来好像就得背负一个重担。"

但当我让他多谈谈重担时，他第一个想到的重担是妈妈。与 K 一样，他也觉得妈妈把他当成了唯一，也与亚历山大一样，他的妈妈也是不断在他面前诋毁他的爸爸。

男人为了性而情，女人为了情而性；

男人没有身体，女人没有灵魂；

男人是自由的动物，女人是关系的动物；

男人是事业的动物，女人是情感的动物；

……

像以上这些关于男人与女人的说法，其实原因都可以归结为一点，男人主要遭受的是被吞没的创伤，而女人主要遭受的是被抛弃的创伤。因为怕被吞没，所以男人要逃离亲密；因为怕被抛弃，所以女人要追求亲密。

逃离亲密的男人总有一个安慰他的对象，亚历山大的是征服世界，卡夫卡的是写小说。而多数男人很容易迷上一个事物，很容易有一个爱好，逃离亲密至少是一个重要原因。

最糟糕的是，男人要逃到另外一个女人那里。在我参加的瓦苏老师的"爱的关系"工作坊中，三角恋成了一个主题，在场的许多学员都陷在三角恋迷局中，其中还有好多学员是夫妻两人一起来上课，想处理好这个迷局的。结果发现，追逐梦想和自由（其实是逃离亲密），是有婚外恋的男人的一个普遍声音。

譬如一个学员说："我最多愿拿出50%的心给太太，此外我有很多梦想，为了实现我的梦想，我甚至会撒谎骗老婆，就是为了得到自己的梦想和空间。"

他还说："我小时候妈妈比较孤独，特别是我很小的时候，我几岁时，常常一觉醒来发现被妈妈紧紧抱着哭。"

他婚后有两次婚外情，但他说准确来说是"婚外性"，他只是在寻找刺激而已。这样做了后，"第一是内疚，第二是委屈，因为结婚后觉得失去了自我，大概半年吧，和她在一起，我很痛苦，因为我看不到太阳"。

婚外恋——男人的美梦还是噩梦？

我自己的发现是，越是重男轻女的地区，男人搞婚外恋的现象就越严重，而之所以会如此，核心原因是依赖与反依赖的双重奏。

先是因为重男轻女，所以一个妈妈在还是一个小女孩时就遭受了严重的被抛弃的创伤。

接着，这个女人嫁到了一个重男轻女的大家庭，再一次遭受严重的被抛弃的创伤。在这个家庭中，她是地位最轻的一个，而且丈夫根本不是情感伴侣，因为丈夫的心首先在父母那里，接着在孩子那里，然后在家人和朋友那里，她是最末一位。

没有伴侣会非常孤独，所以她几乎必然要把孩子当作伴侣，如果是男孩，那就会更容易。这样一来，这个男孩就有了被吞没的创伤。妈妈被抛弃的创伤有多么深，他被吞没的创伤就有多深。

最后，他长大了，从法律上要属于另外一个女人了，而这几乎相当于要妈妈的命，其痛苦程度，就像一个妻子觉得最爱的丈夫要离开自己的程度一样。于是，妈妈要和媳妇争夺同一个男人。

在这种局面中，这个男人会非常痛苦，他觉得自己的心被分成了几瓣，甚至最好出现几个身外身，就像K幻想的那样。

从道德上，他属于妈妈，越是重男轻女的地区，就越是鼓励孝顺，以至于儿子对妈妈的孝顺是绝对不容置疑的头号道德，绝对不可违背。

从法律上，他属于妻子。现在，就算在重男轻女最严重的地区，也一样受到现代文明的熏陶，明白爱情是第一位的，所以这些地区的妻子会比以前更加理直气壮地要求爱的证明，而她们的确在法律上是有这一资格的。

但他的情感何去何从呢？当然，他对妈妈有情感，对妻子也有情感，并且就我所了解的多数个案中，其实情感还是更偏向妻子一边，但道德压力实在太沉重了，他的意识和行为更偏向妈妈一边。

那种恋爱的感觉呢？那种爱情中迷人的东西呢？尤其是轻松的两性相悦呢？这绝不可能在母子关系中寻找，似乎也很难在夫妻关系中寻找。结果，这种需要就转向了婚外情、婚外性这样的行为上。

多个和我深聊过的男性都谈过他们对同时拥有多个女人的渴望，但最终我发现，这种渴望，其实是为了逃避内疚。

有过严重被吞没创伤的男性，他们看起来很想逃离亲密。然而，假若真这样做了，他们又会极其内疚。像K那种程度的，甚至仅仅因为自己有逃离妈妈的想法，就会产生巨大的内疚。所以，逃离妈妈或妻子这样的想法，想一想就可以了，真要做的话，那不可能。尤其是，逃离妻子的想法多少还可以有，而逃离妈妈的想法，那甚至都不能意识到。

所以，绝对不可以离婚。但是，想追求轻松愉悦的两性关系的愿望怎么实现？

最好的办法是两全其美，一边保持原来的家，另一边再建一个家。原来的家代表了道德、法律、责任、义务、忠诚和生活，而另一个家代表了其他一些梦想。

同时拥有多个女人，似乎是男人的美梦，但假若这种事情真正发生，这又容易成为一个噩梦，因为人生会陷入纠缠的泥潭中。

化解吞没的关键——学会拒绝

作为女性，理解男性的被吞没创伤很重要，那样就会明白，他们的很多行为并不是刻意要伤害你，并不是不爱你，而是他们固有的。

作为男性，深入认识你自己的内心，尤其是深入认识你与妈妈的关系，是极为重要的。

一个儿子与妈妈的关系，一定是双重的，既希望亲密并享受亲密，又希望独立并享受独立。当你发现你与妈妈的关系似乎只有亲密而缺乏独立时，那一定是因为独立的动力被压抑了。

如果一个妈妈太渴望与儿子亲密，那么这个儿子先是享受，接着是感觉到被吞没，于是想逃离，但这个想逃离的愿望，又会产生内疚，觉得对不住妈妈的爱。

比内疚更深一层的，是恐惧，是害怕被妈妈惩罚，害怕被妈妈抛弃。

认识这些内疚和恐惧是极为关键的，因为只有化解掉内疚和恐惧的障碍，一个男人才可以真正做到允许自己追求独立。

一个非常微妙的现象是，一些男人会允许自己的配偶犯错，甚至是出轨，那样，在妻子要求证明自己存在的需求时他们就可以理直气壮地拒绝。当然，这又会带给他们更大的痛苦与纠结。

在认识内疚和恐惧的同时，可以试着从行为入手。对于有被吞没创伤的人而言，无论是男人还是女人，他们必须学习的功课是，对有被抛弃创伤的人表达拒绝，因为每个人都是要通过自己而证明自己的存在。

在"爱的关系"工作坊中，瓦苏老师教大家做了三个行为上的练习：

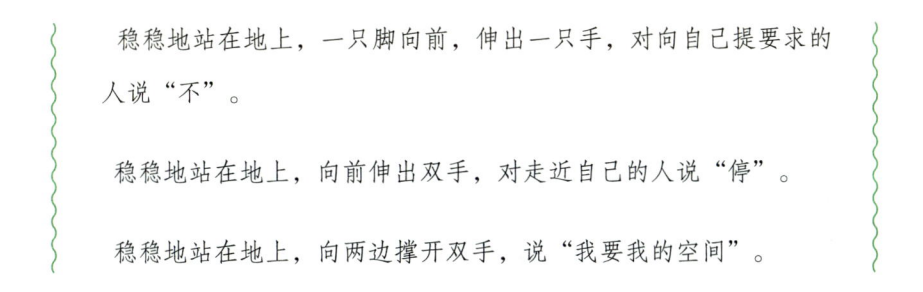

> 稳稳地站在地上，一只脚向前，伸出一只手，对向自己提要求的人说"不"。
>
> 稳稳地站在地上，向前伸出双手，对走近自己的人说"停"。
>
> 稳稳地站在地上，向两边撑开双手，说"我要我的空间"。

这些练习，都是为了让有被吞没创伤的人学会直接拒绝有被抛弃创伤的人的要求。

在我的亲密关系中，我是典型的反依赖者。2007年时，我对自己的内疚与恐惧有了非常深的理解，而最近半年，我在和女友的关系中，真的学会了直接说"不"，这对我真是很重要的一步。但也得看到，对我而言如此重要的动力，我一直到36岁才做到了基本尊重，而且我还是学心理学的，也是善于剖析自己的。

但不管怎样，我真的做到了，这真的很好。

女人是个什么东西

> 北方有佳人，
> 绝世而独立，
> 一顾倾人城，
> 再顾倾人国。
> 宁不知倾城与倾国，
> 佳人难再得！

这首令人浮想联翩的诗歌，是汉朝乐师李延年献给汉武帝的，令汉武帝不禁感叹："世上果真有这样的美女吗？"

果真有，而她就是李延年的妹妹。借助这首曲子，她成为汉武帝的妃子，并成为汉武帝最宠幸的妃子，先被称为李夫人，后被尊为孝武皇后。除"倾国倾城"与"绝世佳人"外，成语"姗姗来迟"也是汉武帝所创，以表示对李夫人的怀念，她绝对是中国历史上最有名的美女之一。

李夫人之所以获得汉武帝的宠爱，不仅是因为绝世的美貌，更重要的是因为她的智慧。

进宫数年后，李夫人病重，汉武帝来探访，她蒙在被子里不肯出来，并请求汉武帝在她死后照料她的兄弟。汉武帝允诺说："只要你见我一面，我会赏给千金并封你兄弟为官。"李夫人却说："赏赐与封官都取决于帝王你，而不取决于见我一面，所以还是不见。"汉武帝怒，想掀开被子。李夫人哭泣，汉武帝只好作罢，悻悻离去。

汉武帝走后，李夫人的兄弟们感到惊恐，问她为什么惹皇帝生气。李夫人解释说，她是因美貌而得到宠幸，"夫以色事人者，色衰而爱弛，爱弛而恩绝"。所以假若皇帝看到她生病而不再如以前美丽，对她的爱必然会减少，甚至会讨厌她，而一旦"恩绝"，他们还会得到皇帝的恩宠吗？

不久后，李夫人病逝，而汉武帝果然对李夫人朝思暮想，甚至几次找道士为她招魂，一次有了恍惚的幻觉以为真见到了她，因而发出了佳人为何"姗姗来迟"的感叹。

除了李夫人外，钩弋夫人是汉武帝另一个有名的妃子。那是汉武帝61岁出巡时，遇到的一个美少女，她的双拳紧握，说是出生后一直如此。汉武帝令宫女去掰，但都掰不开，而汉武帝轻轻一掰就掰开了她的双手，并发现她手心中有一个小玉钩，她因而被称为钩弋夫人。

钩弋夫人得到了汉武帝的专宠，并生下了一个儿子弗陵。汉武帝想立弗陵为太子，即后来的汉昭帝。但几天后，汉武帝下令杀死钩弋夫人。

一天，汉武帝问身边的人，世人怎么看待这件事。有人回答说，世人难以理解，为什么一方面将要立其子为太子，另一方面又杀她。汉武帝感叹说："蠢人哪里知道我的考虑，历史很多祸乱都源自'主少母壮'，并且年轻的太后还会骄奢淫乱，就像吕后（汉高祖刘邦的原配夫人）一样。"钩弋夫人死后第二年，汉武帝也死了。

女人是什么？

法国历史学家米什莱说："女人，是个相对的人。"他的意思是，女人无法定义自身，女人要通过男人来定义自身。

那么，对于男人来说，女人是什么？李夫人和钩弋夫人的故事可以给出两个最具代表性的答案。

倾国倾城的绝世佳人，是男人们梦寐以求的，但是，正如李夫人所说，像汉武帝这样的男人爱的并不是她这个人，而是她的"色"，"色衰而爱弛，爱弛而恩绝"。

假若一个男人是典型的中国传统男人，那么他势必会将"不孝有三，无后为大"的古训化入他的骨髓，而钩弋夫人不仅美得"沉鱼落雁"，还给年迈的汉武帝生了一个儿子，帮助他完成传宗接代的任务，是更完美的女人了。

但是，钩弋夫人和李夫人一样，在汉武帝那里，她自身的价值一样也是不存在的。最具色相的李夫人是汉武帝宠幸的性对象，而钩弋夫人则是汉武帝传宗接代的工具，她们唯独不是她们自己。

瑞士心理学家荣格说，比弗洛伊德层面的潜意识更深的是集体无意识，每一个文化都有自己的集体无意识，而这集体无意识中藏着很多原型，每一个典型的人，都可以视为这个文化的集体无意识中的原型的映现。

由此，我们可以说，李夫人和钩弋夫人即是我们文化中的女性原型。理解了她们的故事，也就理解了女人的很多心理。或者也可以反过来说，当你觉得很难理解现代女性的心理时，你不妨去想一想李夫人和钩弋夫人这些历史上的名女子的故事，或许你可以从那里找到一些答案。

女人的感受男人负责？

女人是什么？

如果仅通过我做咨询的经历则可以说，女人是想抓住男人而不得并由此感到痛苦的人。

之所以这样说，是因成年的女性来访者基本上最初都是因婚姻恋爱的问题来找我的，而她们当中有近80%的人有着类似的痛苦——她们最在乎的男人不在乎她们。

常常有人会说，女人是爱情的动物，所以一旦发现爱情似乎不存在时，她们就会陷入巨大的痛苦中。

但我可以很确定地说，男人也是爱情的动物，一旦发现爱情不存在时，男人的整个存在感也会被动摇。虽然男人会有一些例外，譬如法国哲学家斯宾诺莎就不需要女人，他总是独自一人躲在一个地方思考伦理学。但普遍来讲，绝大多数男人一样都是爱情的动物。

问题是，男人和女人对爱情的理解不同，似乎可以概括成：**女人对爱情的理解导致了男人的痛苦，而男人想逃离这种痛苦时，就会被女人理解成他们不爱自己，于是会陷入更大的痛苦中。**

女人如何理解爱情？一位来访者的说法虽然极端一些，但非常典型，她对我说："他（她先生）对我好一点，我就觉得自己在天堂，他对我坏一点，我就觉得自己在地狱，为什么他就偏偏不能对我好一点？！"

她说得绝对理直气壮，以至于在那一刻我觉得，心理学中一个最基本的原则"每个人为自己的感受负责"真的不成立了。

作为咨询师，我理解她这种心理的合理性，知道它现在的逻辑，也知道它是如何产生的。同时，作为男人，我也同情她的丈夫，她对自己这个观点有多肯定，她的丈夫就会有多痛苦。

这种痛苦，俄罗斯文豪列夫·托尔斯泰深有体会。1910年11月，在一个飘雪的夜晚，82岁的托尔斯泰再也无法忍受妻子，他逃离家，逃入寒冷黑暗中。11天后，他在一个火车站上死于肺炎，而他临终前最后的要求是，不许妻子来到他的跟前。

这种痛苦，美国前总统林肯也深有体会。他遭遇暗杀，身负重伤躺在医院的病床上时，最后一个要求也是不许妻子来看他。

我的另一位来访者也见到过男人的这种痛苦。他说，岳父去世前，看到他岳母走进房间，突然激动起来，挣扎着向妻子伸出一只手，挥舞着，好像在对相处一生的妻子大喊："出去！滚出去！我不想见到你！"

这几个男人的这种痛苦，在我看来，都源自他们无法很好地处理妻子的那种人生哲学——"我的感受你负责，你对我好一点我就在天堂，你对我坏一点我就在地狱，你为什么就不能对我好一点？！"

看起来，这个人生哲学似乎没什么，不就是"好一点"吗？但这其实是要加一个定语的——"时时刻刻"。

女人一旦有了这样的信念，她的注意力就会完全放在伴侣身上，这就成了男人不能承受的沉重。

对此，法国作家蒙特郎非常反感，他因而将女人描绘成男人的噩梦。他欣赏尼采对女人的态度——"见女人时，带上一条鞭子"，他认为男人必须高高在上，对女人必须粗暴，否则女人就会吃掉他们的力量。

他说，对女人来说，爱就是吞没，在假装给予的同时攫取之，一如托尔斯泰夫人令人战栗的呐喊："我以他为命，为他而活，我要求他也像我对他一样来对待我。"

一位女士对我说，她爱她的先生。我问她怎样爱他。她说，每当他回到家里，她必定已为他准备好了一份水果、一杯茶水和一套睡衣，甚至牙刷上都挤好了牙膏。

这就像是托尔斯泰夫人的心声"我以他为命，为他而活"，但假若这就是全部那也没什么，而这位女士在聊天中也一再向我强调说，这就是全部，她没有什么要求。

但她先生的感受却完全不同。他对她说："你不要为我做这些事，你为我做这些事时总有期待，而我满足不了你的期待，那时你就会生气。"

而她听不进先生的这些话，她说："我就是爱你，所以我必须这样做。"

结果，她越这样做，他越不耐烦。

我建议她试试按照先生的话去做。她这样做了。这时他说："这就对了，这样我很舒服。"并且很快，他对她的不耐烦减轻了。

那份不耐烦，是对"我要求他也像我对他一样来对待我"的抵触。

他者即地狱

存在主义大师萨特的情人，同样是著名哲学家的法国女子西蒙娜·德·波伏娃写了一部世界级的名著《第二性》，专门来探讨女性。

《第二性》书名的意思即，男人是第一性，女人是第二性，男人是"the one"，女人是"the other"，翻译过来即，男人是"主体"，女人是"他者"。

所谓他者，即没有或丧失了自我意识，处于他人或环境的支配下，完全处于客体地位，失去了主观人格的被异化了的人。

我们流传的萨特名言"他人即地狱"，其实意思也就是"他者即地狱"。对于女性而言，因为种种原因，女性沦为了"他者"，所以女性容易深陷地狱中。

"他对我好一点，我就觉得自己在天堂；他对我坏一点，我就觉得自己在地狱。"这种心理，说明这位女子完全处于"他"的支配下，自己将自己置于"他者"的位置上，结果也当真如身处地狱。

但是，为什么女性容易陷入"他者"的地狱中呢？

李夫人和钩弋夫人的故事可以很好地回答这个问题。那时，事实的确是，汉武帝这样的男人在掌控着一切，而李夫人和钩弋夫人的价值甚至生死，都系于这个男人如何对待自己。

马丁·布伯说："一个人沦为了另一个人实现自己欲望的对象或工具时，这种关系就是'我与它'的关系。"由此可以看到，李夫人就是汉武帝性欲与爱欲的对象，而钩弋夫人则是汉武帝传宗接代的工具，不是她们将自己置于"他者"的位置上，是汉武帝强势地将她们置于这个地狱中。

李夫人对这一点洞若观火，并很好地利用了这一点，将汉武帝玩弄于股掌之中。她只给汉武帝展现自己最好的色相，而不让汉武帝看到自己的"色衰"，由此成了汉武帝魂牵梦绕的性欲与爱欲的完美对象。

钩弋夫人不能明白这一点，当汉武帝下令处死她时，她跪地哀号，而遭到汉武帝呵斥："快走快走，你反正是活不了的。"据记载，她死后数天里"暴风扬尘"，就像是她的冤魂在哀号。

钩弋夫人的惨剧并非例外，实际上，"荣其子杀其母"是汉武帝的通例，他的妃子们一旦生了孩子都会被他以各种名义处死。他这样做，源自他自己的经历，他幼时和刚登基时曾受母亲和祖母很大的牵制，所以"主少母壮"并非他在替自己的父辈或祖父辈有吕后这样的"超级专制的妈妈"而感叹，他是在为自己感叹。

由此，可以理解，他杀死钩弋夫人，看起来像是为年幼的儿子弗陵执政扫除障碍，但其实是他想杀死母亲和祖母的潜意识心理的投射。他谥号"孝武"，孝自然是针对母亲和祖母，但可以说，他对母亲和祖母表现得有多孝顺，他潜意识隐藏着的对母亲和祖母的攻击性就有多强，而这最终表现为他对妃子们的残酷逻辑——"荣其子杀其母"。

汉武帝的这种做法并不少见，在中国历史上，"荣其子杀其母"的做法相当常见，譬如在隋朝前的西魏和北周，有号称"八柱国"的八大家族，皇妃都出自这八个家族。

他们为了防止一家独大而有了一个约定，哪个妃子生的儿子被立为太子，那个妃子就要被处死。

在这种极端的故事中，女性的命运犹如浮萍一样脆弱。作为爱欲与性欲的对象，会有"色衰而爱弛，爱弛而恩绝"的后果，而作为传宗接代的工具，甚至可能会更惨烈。

李夫人对于汉武帝的意义，可以在现代男人对女人的态度上找到很明显的对应，男人对女人美貌的在乎，估计在每一个社会都是主流态度。

钩弋夫人对汉武帝的意义，在现代社会似乎不是很明显了，但在最传统的地区，女人还普遍是一个传宗接代的工具，不过好在主流的做法还是"因其子荣其母"。

不过，在这种地区，假若一个女人不能生儿子，或者很艰难才生了儿子，那么对她自己和对女儿们而言都可能会是一场噩梦。我听到过太多这样的故事，一个女人生一个是女儿，又生一个还是女儿，于是就一直生，直到生了七八个女儿后才生了一个儿子，那时她才可以不再做生育机器。

作为一个女人，假若你是出生于这样的家庭，那么，你很难不陷入"他者"的地狱中。

女人要活出自己的独立性

在我们国家，重男轻女至少有数千年的传统了。所谓重男轻女，也就意味着女人的价值不在于她们自身，而在于她们对男人来说是什么。如果她们在男人的眼里是重要的，那么她们就是有价值的；如果她们在男人的眼里是不重要的，那么她们就是没有价值的。

由此，我们可以看到，"他对我好一点，我就觉得自己在天堂；他对我坏一点，我就觉得自己在地狱",女人发出这样的感触,是非常有道理的。对于钩弋夫人来说,这直接意味着生与死。

生与死是极端的表现,大多数女性的命运不会在这种极端处游走,但她们难以免除一种痛苦——被抛弃的痛苦。

被杀死是极致的痛苦,被送人则是相对轻一些但也是极大的痛苦,而女性普遍所接受的痛苦到不了这种地步,她们所遭受的痛苦,主要是被忽视、被冷落乃至被虐待。

她们之所以被忽视、冷落乃至虐待,原因仅仅是她们是女性。

并且,更要命的是,最初这样对待她们的,恰恰是她们的妈妈,而且还是在生命的最早期。

这是一种恶性循环。首先,成年女性的生命价值被否定了,她们必须依附于男人而生存。作为女性而被蔑视、被否定甚至被欺辱,这令她们讨厌自己的女性身份。

接着,她们有了女儿,如果不是有很好的觉知,她们会将对自己女性身份的讨厌和抵触淋漓尽致地投射到女儿身上。

在生命的最早期,这种讨厌和抵触可能会表现为她们不愿意触碰女儿,不愿意给女儿喂奶,忽视、冷落女儿,乃至虐待她们。媒体经常有报道说,幼小的女孩被虐待,而做出如此残酷事情的,恰恰是女孩的奶奶。随着年龄的增长,这些奶奶的智慧没有增长,反而对自己女性身份的恨意逐渐增加,这份恨意最终会传递到幼小的女孩身上。

生命早期的这些创伤,是非常难以平复的。托尔斯泰与林肯所遭遇的创伤是被吞没的伤痛,这种创伤很深,但它比不上被抛弃的伤痛。托尔斯泰与林肯是有自我的,他们的痛苦是发现在与妻子的朝夕相处中正在失去自我,他们的自我被妻子吞没了。而他们的妻子是没有自我的,她们所遭遇的被抛弃的痛苦令她们很早就失去了自我。

并且，每当她们试着去寻找自我时，她们总是会碰到被抛弃的创伤，这种创伤看起来是不可修补的。这时，她们就会去抓住伴侣，而这看起来是有希望的。

这也是一种恶性循环，而且是一种瘾。因为看起来，当自己痛苦时，男人对自己好一点真的会有天堂的感觉，所以她们会不断去追逐这种逃避痛苦的方式。

这种做法无异于吸毒，但是，男人早晚有一天会拒绝做毒品。

所以，要成为一个真正的女人，要成为一个"主体"，女人就必须学习打破这种恶性循环。

女人，破解你的幸福密码

前 不久，和十来个朋友一起吃午饭商量事情，一位女士频频给别人夹菜，并解释说，她想吃某个菜，可不好意思先吃，所以先夹给别人，然后就心无歉疚地夹给自己吃了。

听了她这样讲，我们都大笑，都学她频频给别人夹菜，饭桌上到处都是"吃吧，请吃吧"的声音。

这是一个玩笑，所以看起来有些搞笑，但是，假若你真的暗暗有这样一种人生哲学，那会令你有一种什么样的人生？

争取，一定会失望

记得几个月前，我的来访者 L 找我时感叹说，现在"竟然"有一些好事落在她头上了。

"说说这些好事吧。"我说。

她说,先是生意上起了一点纠纷,涉及数万元人民币。如果是以前,她会暗暗预料,这些钱是拿不回来的,但这次,她忘了这样想,结果是,最后这笔钱比较轻松地追了回来。

还有,她买房子,看中的房子很满意,然而中介说,房东那里可能会有一些麻烦,办房产证的话可能不会顺利。但最后一切都很顺利,房子很顺利地买到了,房产证也出乎意料地很快拿到,并且房东留下的家具和饰品,几乎都是她想要的,一切都感觉很好。

再有,孩子要读书了,而户口上有些麻烦,她必须去争取附近一所小学的入学资格,那有些难度,但最后也是很顺利地办好了。

"或许,这些事情在别人看来没什么,"她说,"但对我而言,有些像天上掉馅饼的感觉,没想到馅饼还接二连三掉了这么多。"

她说这些事情的时候,我的心中也弥漫着欣喜,同时也有酸酸的感受,而她一开始那句话中的"竟然"仍然深深烙在我的记忆中,所以我问她,为什么一开始用"竟然"这个词。

她回答说:"你不知道,我从小就有一个习惯,每当期待好事发生在自己身上时,我会先说,绝不可能,绝不可能……"

之所以这样做,是因为她心中有一个迷信:如果她的期望是好的,那么事情一定是糟糕的;如果她绝望到极点,好事反而会有可能落在她头上。

后来经过探讨她发现,这个迷信,是她童年时人生格局的一个浓缩。她有一个弟弟,而父母非常重男轻女,如果她和弟弟利益上有冲突,那么一定是弟弟得到满足,而她势必会失望。如果她主动去和弟弟争,也就是她先有了强烈的期望,那么这种带着争夺意识的期望,一旦被父母发觉,她不仅是失望,还会受到父母的惩罚,有时父亲会非常严厉地惩罚她,甚至会把她赶出家门。

相反，假若她一开始就放弃与弟弟争夺的心思，那么偶尔父母也会满足她的一些需求。

这种童年时的人生格局，最后浓缩成她的人生哲学：强烈的期望，一定会失望，甚至会被惩罚；彻底地放弃争夺心，反而偶尔会得到满足。

命运，就是自己内心在外界的展现，因为她有这样的内心，所以她有了相应的命运。在 L 三十多岁的人生中，别说天上掉馅饼这样的事情了，实际上稍微与别人利益发生冲突，她都会认定自己的利益是不可能得到捍卫的，而事实也一直如此。

直到前不久，她的这种命运才得到改变，而实现这一点的关键自然是她的内心先发生了改变。

我不能独自获得幸福？

L 一开始来找我，是因为孩子的困惑，但咨询一展开，她发现自己心中涌出的情绪与情感都是关于父母与弟弟的。

她在广州读书，毕业后在广州工作，现在有自己的生意，买了车和房，看起来应该过得不错。但她很累，表面原因是弟弟一家人与父母都和她住一起，而弟弟和她一起做生意。

之所以说这是表面原因，是因为导致她感觉累的深层原因是一种不情愿。她发现，尽管主要是她在养家，但不管她怎么努力，父母对弟弟及其家人的在意总是胜过对她一家人，这令她感到很不甘心。父母重视弟弟胜于她，这一点她习惯了，但当她发现父母重视弟弟的孩子胜于她的孩子时，她感到很崩溃。

其实，不光是她对一家人生活在一起的格局不满，她的弟弟一样也不享受这种格局。他工作上也有很多令她不高兴的习惯，譬如工作上拖延、粗心与不上心等。

当她试着站在弟弟的角度看弟弟时，她明白，弟弟觉得对她有亏欠，这种感觉令他抬不起头来。

既然如此，为什么还是强拧在一起呢？继续探讨时，L 发现，她内心中有一种隐隐的信念：她是不配得到好运的，除非她和别人在一起，她才能享受别人带来的好运，而为了得到这一点，她需要去为别人服务。

这一信念仔细展开，就可以说是，她潜意识中认为，她是不配得到父母的宠爱的，除非她和弟弟在一起，那样她才可以分享父母的喜爱，但父母喜爱的不是她自己而是满意于她对弟弟的照顾。

在咨询中我常常会发现，我们对好运能否降临到自己头上的预期，几乎就是儿时能否得到父母宠爱的预期，而这一点在 L 身上体现得淋漓尽致。

也是因为这样的模式，令她在找合作伙伴和普通职员时，总无意中去选择能力不够强而需要她支配和照顾的人。

这一发现对 L 的触动极大，而她回顾从前也发现，其实在很多时候，她获得别人的善意时都是没有什么付出的，她并不是非要通过为别人服务才能获得好运。很多人对她好并非是因为她对某个人好，而仅仅是因为他们喜欢她。也就是说，仅仅是她自己，就可以获得别人的认可。

有了这些认识后，L 的心松动了，而"天上掉馅饼"的事也接二连三在她身上发生。

为什么只付出不索取

L 的故事并不特殊，在我的女性来访者中，像她这样的例子大有人在。她们总是出身于一个重男轻女的家庭，长大了就总是处于为别人（多是家人）服务的角色上。

之所以要为别人服务，和 L 一样，是她们认定自己不能独自获得好处——其实就是父母的爱。

L 相当幸运，她通过自我觉察领悟了自己人生格局的诡异之处，也由此改变了自己的命运，但很多像她一样的女性，会卡在一个死结上。

这个死结即，一方面，她们渴望获得好运，即别人的善待，但另一方面，她们又会拒绝别人的善待。

譬如我一个朋友，前不久去远方旅游，飞机要凌晨 6 点起飞，她有两个朋友主动说要送她，她心里是渴望的，但她却以"要你们那么早起床太辛苦"为由拒绝了他们。

在飞机上，她坐在靠里的位置，因为怕上厕所会麻烦外面的乘客，她选择了不喝水。直到渴得不行时，她才觉得自己这样做实在太荒诞，竟然会因为怕麻烦别人这么小的事情而压抑了自己如此重要的需要，最后才找空姐要了水喝。那时她也发现，坐在外面的乘客没有丝毫的不耐烦。

为什么会拒绝别人的善待，为什么会如此惧怕麻烦别人呢？

她说，从感觉上，她会觉得"滴水之恩当涌泉相报"，所以别人有一点善待，她就会觉得回报很多，但这样一来压力就太大了。

相反，她对别人的付出，她总是觉得没什么，甚至，她会忐忑不安：我付出的是别人想要的吗？

我总结说，就好像你的付出是 100 分，但你习惯上会乘以 0.1 的系数，结果变成了 10 分；而别人对你的付出是 1 分，但你习惯上会乘以 10 的系数，结果变成了 10 分。如此一来，别人对你的付出哪怕仅仅是 1 分，而你就得付出 100 分的回报，否则你就觉得不对称。

不仅如此，她补充说，如果觉得她的付出不是别人想要的，那么她就会非常惶恐，觉得自己的付出不仅一钱不值，还会令对方不高兴。

有这些心理的话，那真是最好不要别人的善待了。

为什么会形成这样的心理呢？我的一名女学员的说法回答了这个问题。她说，她的妈妈一再向她强调，仅仅因为妈妈生育了她这一点，她就永远也还不清。

这不是一个简单的人生哲学。有这种人生哲学的妈妈可能会将它渗透到生活中的每一角落，最后令女儿觉得，她的付出是一钱不值的。或者准确的说法是，无论她怎么付出，都不可能得到妈妈的宠爱。甚至，假若她的付出不符合妈妈的期望，那还会令妈妈不高兴。

这种母女关系很可悲，而更可悲的是，一位妈妈之所以会向女儿传递这种感觉，是因为她痛恨自己身为女人，她自己先中了重男轻女的毒，将这服严重毒害了自己的毒药又严重合理化，最后也给女儿吃下。

在这种家庭中，做女儿的最终会明白，她不能独自获得宠爱，也难以通过直接为妈妈付出而获得宠爱，她最容易获得妈妈喜爱的方式是为哥哥或弟弟服务。

所以，我这位女学员也构建了和 L 一模一样的人生格局，她自己开公司，并叫来哥哥帮忙，也从经济上负担着哥哥一家人大半的生活开支。

这种格局中，女性是不幸的，她们的兄弟其实也是不幸的。她们的不幸是因为牺牲了自己，而他们的不幸也恰恰是因为这一点。

作为女性，需要好好去认识自己不幸中所深藏着的信念，以及那些信念是如何形成的，从而破解自己的幸福密码。

重新发现你的父亲

前不久,和一个朋友 C 聊天,问她最近有什么变化没有。
她说:"有啊,结婚了。"

我略略吃了一惊,接着为她高兴。C 已三十多岁,难听一点可以说是大龄剩女,尽管她从来不缺条件不错的追求者,但总是离婚姻有一段距离。

"你的先生是什么样的人呢?"我继续问。

她津津有味地向我好好描述了一下她的先生。听完她的描述,我隐隐有一种自得感,因为觉得她能有这份好姻缘,我有相当大的功劳。

那是近两年前,我和她聊天,问到她的择偶标准。她说,意识上,她希望是强有力的成功男人,但自己又总是对这样的男人没有兴趣。的确,她的追求者中不乏成功人士,但她对这些成功人士总是不耐烦,甚至冷嘲热讽。

为什么会这样呢?她也有些纳闷。不过看起来也不难理解,因为追求她的这些成功人士对钱权太感兴趣了。不仅如此,他们好像还将钱权视为人生最重要的目标似的,这让她觉得很没意思。

但是，她又恰恰想和这样的男人结婚。

真是矛盾！

我请她说说她的爸爸，而她一说，我就明白症结出在哪里了。

首先看起来，她的父亲是成功人士的对立面，他温和、善良且人情世故简单得出奇。自她长大后，他从不能为她遮风挡雨。每当遇到困难需要找一些人际关系去解决时，为她出头的总是妈妈，要不就是她自己去努力。她曾经遇到过非常困难的事情，那时还是一个年轻女孩的她只好自己去找关系，遇到了很多挫折。从此以后，她对父亲绝望到极点，也开始升起强烈的愿望——一定要找一个能为她遮风挡雨的强有力的男人。

但是，再向前回忆时，事情变得不一样了。

在她小时候，父亲带给她的感受是完全不一样的。5岁前，她觉得父亲是完美无缺的。她的父亲是一个美男子，并且爱好运动，她经常吊在父亲的胳膊和大腿上玩耍，她的什么需要爸爸似乎都能满足。甚至，在她的家中，连换尿布这样的事情也是爸爸做的。

到了小学时，爸爸在她心目中的形象仍然是伟岸而迷人的。她的爸爸在她的女同学中相当有名，她们经常去她家玩，而她感觉到，她们貌似是去找她，但很多时候其实是去看她爸爸的。

到了初中，她对爸爸的印象才开始恶化。她逐渐发现，强壮的父亲在社会上是懦弱无能的，遇到需要人情世故的情形他总是退缩，有时还会大发脾气。而且她感觉到，是这些情形刺激了爸爸的无助感。他越愤怒，就意味着越无助和懦弱。这时，她对爸爸的讨厌就会达到顶峰。

到了高中、大学、研究生和工作后，爸爸的形象更加不堪，最后全然崩塌下来，她对爸爸再也没有了崇拜感。

但是，在这一生中，又有哪个男子能给她父亲给过她的那种温暖和爱呢？至于在社会上为她遮风挡雨的需要，真的一定会胜过儿时父亲给过她的那些细致的照顾与快乐吗？

当然不是。实际上，当她回忆起儿时父亲和她在一起的经历时，她的眼里有泪水落下来，她的身体在不断颤抖。她明白，那才是最珍贵的，才是她最想要的，而钱权能提供的安全感，是无法与儿时父亲给过的感觉相匹敌的。

最后，她说，或许，像父亲那样的男子，才是她真正想要的。和那些将钱权视为一切的男子在一起时，她看不起他们。之所以看不起，是因为她内心深处隐隐知道，她宁愿要父亲的温和、善良和简单，后者是真正的可靠。

当她明白这一点后，她的恋爱观自然发生了转变，她开始认真地去留意那些温和而善良的男子，而对于钱权不再执着。

不过，非常有意思的是，她的先生，恰恰是既温和、善良、简单而又有相当的社会经济地位的。

其中的道理很简单。以前，当她一心想找成功男人时，那其实是对爸爸的背叛，也是对自己童年美好体验的背叛，她潜意识中未必接受。并且，一心找成功男人，是长大后的她的愿望，而留恋温和、善良而简单的父亲，是孩童时的她的感受，这两者如果不整合，那也会给她的内心带来巨大的冲突，前者将后者视为敌人，后者也会抵触前者。结果，她既不能很好地与父亲那样的男子相处，也不能与和父亲相反的男子很好地相处，她哪里都去不了。但是，在完整地看待自己与父亲的关系后，她内心中的这两部分就得到了整合，她就有可能同时拥抱这两者了。

要主流父亲的幻象，还是要真实的父亲？

长大后重新看一看父亲，是非常重要的事情。因为，在未成年时，我们很容易受别人影响。常见的影响有两点：第一点是，我们很容易卷入父母的婚姻战争中，甚至是家族的战争中，而被这场战争迷惑了双眼；第二点是，我们难免会受整个社会舆论的影响，会追求主流舆论所倡导的父亲形象，而不是去尊重父亲的真实存在。

2006年春天，我的父母来到广州和我一起生活了一段时间。一天，我带他们去植物园玩，当给父亲拍照片时，通过镜头看父亲，我突然发现好像看到了一个非常不同的父亲似的，他在我眼中第一次变得无比生动，我的心似乎都在和父亲的心同步跳动。这么多年来，这是我第一次重新找到与父亲的链接感。

与C一样，我的父亲也不是强有力的。他先是在他的原生家庭被忽视，而他成家后，我们一家都被爷爷奶奶忽视和压制。那时很讲孝道，如果老人看不起你，那么不管事实如何，你都会被贴上不孝的标签而被村里人轻视。对此，爸爸没有做什么抗争，或者他也做不了，他只是默默地用他瘦弱的肩膀扛起对爷爷奶奶的责任和对我们一家的责任。

不仅如此，我的父亲也是非常不擅长人情世故的。他喜欢一个人做事，而任何需要求人的事情，哪怕只是去邻居家借一把铁锹，他都不愿意去。母亲知道父亲这个特点，所以几乎有任何需要求人的事情都是母亲去。

父亲极其聪明，他现在已70岁了，但在做小生意时还常常用心算，而不是用小计算器算账。此外，我们家里的农具和家具，很多也是他自己做的，例如做生意用的秤都是他做的。每天，他会很早起床，要么是去赶着做小生意，要么就是在家里做各种各样的农活。除了偶尔看看电视，他几乎从来不闲着。

但是，勤劳和聪明并不能让父亲很好地撑起这个家，我们家在村里还是被边缘化，还是会被人欺压，而且日子总是过得紧巴巴的。这和父亲的另一个特点有相当大的关系——每当家里日子好过一点时，他就会在做生意上出点事情，要么被偷钱包，要么被人骗。

因为以上这些特点，也因为母亲偶尔会就此抱怨一些，我心里对父亲总有一些不认同。他的一些特点在我身上几乎完全看不到，譬如我一点都不喜欢修理家具和电器，大学时电脑出了问题一定是找哥们儿帮忙，而现在电脑出了问题也是由朋友搞定。我们家还有很不错的打印机，主要用来打印照片，但我只会在电脑上操作，一旦出了问题，也总是由朋友搞定。

因为这些不认同感，我觉得与父亲总有一些隔阂，但在植物园给父亲拍那张照片时，这个隔阂一瞬间消除，于是我和父亲的关系有了很大的改变。以前，每次打电话回家总会问："我妈呢？"现在，我一定会和父亲聊会儿，有时聊很久。

并且，从此以后，觉得自己心里多了一些暖意。

华南师范大学的心理学老师张敏翻译了一本书《父性》。这本书称，尽管我们意识上对暴君般的父亲有百般不满，而且杀掉暴君般的父亲的譬喻在很多神话故事中都出现过，且历史上也不乏真实的故事，但是，我们还是倾向于找一个这样的父亲。与温和近乎软弱的男性相比，很多人感情上还是更容易被强势到蛮不讲理的男性所吸引。

对于这一现象，可以在许多层面上做解释。譬如一种常见的解释称，这是远古蛮荒时代遗传下来的需要。那时，男子是猎人，他们的狩猎能力将决定一个家庭乃至一个部落的存续，而细致、敏感和善解人意这些因素并不是很重要。也就是说，一个男子的权力味道是一种真实的保障，而不像现在更可能是一种虚幻的心理需要。

德国一名女权主义作家的故事也耐人寻味。作为一名女权主义者，这位女作家先嫁给了一个无比尊重女性的男子，但最后她与这个男子离婚，而嫁给了一个有暴力倾向的男子。她到底想要什么呢？

对此，这位女作家有她的一番解释，而且是上升到哲学高度的解释。

我相信这些解释有一定道理，但我更愿意从微观的角度去看这些事件。在我看来，其中的关键就是，你真实的父亲是怎样的，你是接受了他的真实存在，还是活在理想父亲——也即白马王子的原型——的幻梦中。

你是否卷入了父母的战争而迷住双眼？

相对于社会主流舆论对父亲形象的塑造，更能影响我们是否接受父亲真实存在的因素是，家庭对父亲形象的扭曲。

我刚开始做心理咨询时，一位女来访者对我说，她非常痛苦，因她发现，她错看了父亲。她是在父亲去世10周年时才有了这一发现，再想修正似乎已没有机会，于是陷入极度的内疚中。

看轻父亲，是她的原生家庭的主流舆论。她有四个兄弟姐妹，但他们都团结在母亲的身边，对父亲报以忽视和敌意。一直以来，他们几个兄弟姐妹都觉得父亲对家庭贡献甚微，母亲才是家庭的顶梁柱，而且他们还觉得父亲不够男人。

但是，相当荒诞的一点是，他们的父亲是事业有成的企业家，而他们的母亲只是一位小学文化的家庭妇女。论对家庭的贡献，这位父亲远远胜于母亲。我这位来访者，她是在父亲去世10周年时才看到了这一事实，这让她一方面感到内疚，另一方面也对母亲和其他兄弟姐妹产生了强烈的愤怒。尤其是对母亲，她认为正是母亲数十年如一日地在他们面前数落父亲的不是，才让他们对父亲有了很深的偏见，以至于连最明显的事实都看不到。

夫妻之间很容易爆发婚姻战争，双方都想争夺关系的制高点。从社会的角度看，因为我们仍然生活在男权社会，似乎男性更容易获得这一制高点，但从家庭的角度看，却是未必，因为孩子们天然和母亲的链接更紧密，所以女性们有更大的机会在家庭中赢得孩子们的支持，从而令一个小家庭中的婚姻战争彻底失去平衡。

也是在刚做咨询的时候，我的另一个来访者常向我描述一种情形：每当她的父亲和母亲发生冲突时，他们四个孩子会排成一排，站在母亲的面前，挡住气势汹汹的、有暴力倾向的父亲。

看上去，孩子们是在主持正义，但这最终成了这位女子的一个严重问题。她和她的先生常常爆发冲突，每次事后看，她都知道自己做得过分了，但她就是控制不住自己，总是对老好人的丈夫发脾气。

我请她列举每一次对丈夫大发脾气的详情，最终发现其中有一个模式：每次都是先有一位年长的女士斥责她，接着她对丈夫大发雷霆。

这个模式是如何来的呢？

原来，她很小的时候，妈妈便抱怨甚至斥责她没有良心，因为她不能保护妈妈。

海灵格称，孩子天然就想做家庭的保护神。这一天然倾向会让他们很自然地想平衡家庭的各种力量。在这个基础上，假若父母一方甚至两方有意诱导孩子站在自己这一边，那么他们很容易成功。

这位女子即是如此，不管年龄多么幼小，她一样会渴望保护妈妈。但是，在很小的时候，她不敢这样做，因惧怕有暴力倾向的父亲。一直到她16岁时，她才敢带着三个弟弟妹妹，在父亲面前一字排开保护母亲。

尽管是保护了母亲，但她的内疚已积攒了很多年了。她想释放这种内疚，而她的老好人丈夫是最佳的宣泄对象了。

并且，能看到童年和成年时的一个共同模式：先是一位年长的女士斥责她不中用，而后她的内疚就会被激起，接着转化为愤怒并被宣泄到男性身上。

童年时她对妈妈的保护还有主持正义的味道，但到了成年后，她仍然延续这一模式，就不再具备这一味道了，她的先生成了完全的受害者。

在我看来，她的妈妈本来是可以直接与丈夫抗争的，但她没这样做，而是选择了以超级弱者的形象出现在家中，在大女儿还是一个孩童时就呼唤其保护自己。她虽然在很多年内没有赢得实质性的保护，但她最终赢得了孩子们的心，孩子们都和她站在一起，将父亲彻底排挤出这个家。

这位女子说，父亲经常对她和弟弟妹妹们说，他恨他们，他们是白眼狼，他们对他的养育没有一点感恩之心。最后，在家中完全找不到归属感的父亲离开了母亲，虽然没有离婚，但在外面有了女人。

背叛父亲，也是背叛自己

父母任何一方数十年如一日地向孩子数落对方的不是，都会形成一种沉重的压力。最终，为了顺应这种压力，孩子们选择了与情绪最激烈的一方站到一起。

在多个来访者中，我都发现这一现象。孩子们并不是真正去平衡强弱，实际上他们和谁站到一起，关键是看谁在诉苦时更执着，谁有更多的机会向孩子们诉苦。

很自然的，女性在这一方面占据优势。

一个在我看来相当夸张的个案中，因母亲先向大儿子诉苦，大儿子精神崩溃了，他选择了跳楼自杀来逃避这种压力。而在自杀前，他常说，他发誓要拯救母亲，他恨爸爸，绝不会与爸爸和解。

大儿子自杀后，妈妈诉苦的对象转向了二女儿。结果，二女儿对父亲的感觉完全改变了。哥哥自杀前，她对父亲的回忆是有很多温暖的，但哥哥自杀后，她对父亲的回忆只剩下了愤怒和厌烦。

并且，因为她接住了妈妈的怨气，而妹妹和弟弟就逃脱了。尽管妹妹和弟弟对父亲也有诸多不满，但他们现在和父亲的关系比起她来要好很多。

那么，二女儿对父亲的敌意从何而来呢？毫无疑问，她是接受了母亲对父亲太多的怨气。她是在通过母亲的眼睛看父亲，而不是通过自己的眼睛看父亲。

此外，非常关键的是，母亲对父亲的怨气又是从何而来呢？

这个问题的答案非常可悲。原来，母亲在自己的原生家庭是严重被忽视的孩子，姥姥和姥爷对母亲都是忽视加虐待。按照道理看，母亲对自己的父母本应该有很多怨气的。但是，她却把自己的父母视为了圣人一般的人物，一直对二女儿强调：你姥姥、姥爷对我多好，我对他们多感激，如果没有他们的爱，我根本活不下来。

如果这能让自己在父母心目中重新占据一席之地的话，母亲甘愿去做自己父母的炮灰。如果这还不够，母亲还愿意让丈夫和孩子们去做自己父母的炮灰。

父亲不愿意配合她，这是母亲和父亲关系恶化的一个关键点。并且，父亲自己家也是重男轻女的，所以更是无法容忍她太照顾自己的家庭。

于是，他们的家庭就分成了两半，母亲还活在自己的原生家庭中，而父亲也一样，矛盾由此开始。而且，母亲不敢抱怨自己的父母，却敢抱怨丈夫。甚至，她一生中所有的怨气都在丈夫这里找到了突破口，日复一日、年复一年地在孩子们耳边说丈夫的不是，甚至于令一个孩子自杀都不能醒悟。之所以不能醒悟，是因为发泄怨气的对象根本不对。

在这个个案中，二女儿和男性的关系一团糟，但三女儿和男性的关系却相当融洽。如果姐姐也想拥有和妹妹一样的关系，她就需要向我的朋友 C 学习，重新去看看自己的父亲，而且要用自己的眼睛。

你不能背离自己的心

在相当的程度上看，一些女性对孩子抱怨丈夫似乎是有道理的。因为，在重男轻女的社会，无数女性嫁到男方家后，会遇到不公平的待遇。尤其可悲的是，制造着不公平待遇的罪魁祸首，也恰恰常是女性——婆婆。

这是一个很可悲的轮回。先是婆婆进入这个家庭时被忽视甚至虐待，她找不到自己的同盟，心无所依。但有孩子后，她的心有了牵挂，她找到了自己的同盟，而且她心中淤积着的怨气终于有了倾诉对象，孩子们总是容易和妈妈站在一起的。

如此一来，这个婆婆就和自己的孩子——尤其是儿子建立了过于密切的关系。当儿子爱上另一个女人后，她的心又失去了依靠，于是她很容易去排挤这个年轻的女子，就像她当年被自己的婆婆排挤一样。

一些女性认为，女人联合孩子对抗丈夫，原因在男人的身上，如果不是他们错在先，女人也不会如此。

这种说法有一定的道理。但是，假若她们这样做，孩子未来的幸福就被影响甚至摧毁了。难道，孩子的价值就是成为一个传递怨气的通道吗？

美国总统奥巴马之所以能有今天，一个很关键的原因是，他的妈妈没有向他传递怨气，尽管她看上去有足够的理由向儿子抱怨不负责任的父亲，但她每一次给儿子讲起父亲时讲的都是父亲的优点。

当然，假若父亲不是一朵花，也没有必要非将父亲美化成一朵花。关键就在于，对你自己而言，父亲是谁，你与父亲有过什么样的真实往事。

我们必须尊重真相，否则就会背离自己的心，而这种背离会让心分裂，让心的一部分和另一部分剧烈交战。结果就是，我们的人生也一直处在剧烈的冲突之中。

马丁·布伯说："你必须以你自己的方式去揭示你生存的意义。"这句话也可以用到你与父亲的关系上——你必须以你的眼睛、你的心去揭示你与父亲这一重要关系的存在。

发现爱的证明

"**武**老师，我对你的意义是什么？"我的一位来访者这样问我。在他问我这个问题之前，我看了一下挂在墙上的钟。

显然，我这个动作被他发现，他有些焦虑。

他对我意义非凡，这一点毋庸置疑。

首先，最明显的是，他付费给我，这对我在物质上有帮助。

其次，我大学二年级时即立下志向，想搞明白人是怎么回事，而和他一起工作，深入探讨他的内心，每一个进步，不仅对他的心灵成长有帮助，对我的心灵成长也有帮助。并且，每一个这样的进步，都是在帮助我实现我的梦想。

最后，最深的意义是，在与他一起工作的时间里，我有几次不知不觉完全敞开自己的心扉，放下了一切技术与努力，而只是放松地敞开心扉。他也一样，对我完全信任，将心中的一切毫无阻挡地呈现出来。那时，我们建立了如马丁·布伯所说的"我与你"的关系。

每一个来访者对我而言，都有如此非凡的意义。

只是，这个意义有待我们每一个人去发现。

作为心理医生，其实我也在时时刻刻询问来访者"我对你的意义是什么"，或者干脆会想我对于他有何意义。

有时，我也会直接这样询问，而大多数时候，我是在不知不觉地做这样的询问。它们发生得如此频繁而自动，我很多时候甚至都不知道自己在做这样的询问。

很多时候，来访者会给予我证明，他们告诉我，我帮助了他们。哦，这就是说，我对于他们是有意义的。我不仅仅是收了咨询费用，也不仅仅是在利用我的名气挣钱，而是我真的对他们有意义。

更多时候，这种意义有待于我去发现，有待于我自己去确认，而不能光期待来访者的确认。如果必须期待来访者的确认，那我就会成为一个惶惶不可终日的人，总是处于焦虑中，就像一个正在恋爱的人，总担心对方是否在乎自己。

要得到这种确认，或者想给予别人这种确认，我们常想，必须有完美的结果。

譬如，无数的人会在恋爱中渴求我对于他是唯一的，我们必须结婚，而且白头偕老，完满幸福地度过了一生。这才叫爱与被爱的证明，除此以外都不是。

如果是这样想，那么人生将变成不是在寻找爱的证明，而是在寻找不爱的证明。

如果是这样想，那么看起来你是在追求完美，但其实你关注的是不完美。

如果是这样想，那么人生势必是不完美的。

因而，那爱与被爱的证明总是得不到的。

相反，*假若你能明白，一切都是有道理的，你自然遭遇的一切，尤其是你自由选择的一切，都是非常有道理的，那么你会在不完美中发现爱与被爱的证明。*

我一个朋友因为特殊的原因，想和太太离婚。实际上，他们十多年的婚姻看起来似乎根本与爱无关，他们极少生活在一起，他们也极少有性爱。

但是，他的太太坚决不离婚。他太太先是用一哭二闹三上吊的方式迫使他与自己结婚，现在又用完全不能沟通的方式拒绝与他离婚。

为此，他很恼火，觉得她就是在为难他。

然而，一天，他在非常安静的时候，想起童年的一幕。他趴在自家厕所的窗户上向下看。他家在学校门口，而他看到的，是他们班的全班同学在班主任的带领下登上一辆大巴，他们一起去春游，唯独没有他的份。因为他有哮喘，所以他的妈妈对班主任说，我们家孩子一出去就是麻烦，你不用管他了。

想到这一幕时，当年那种孤独感与自卑感再次唤起，他流下了泪水。

也就在泪水落下的同时，他突然明白，太太对他而言是何等重要。其实，一直以来，他很自卑，他怀疑根本不会有女人爱他，而他也的确很没有女人缘。

但是，他的太太用看似不近情理的方式告诉他，这个世界上还有一个女人是如此在乎他。这种感觉，其实是他一直渴求的。那一刻，他对太太充满感激。

再见到太太时，他将这种感激告诉给太太。结果太太说，可以离婚了。

得到"你的存在对我有莫大意义"的确认后，太太给了他想要的自由。

看起来，我们要的是婚姻、地久天长、绝对忠贞、我是唯一的等完美的爱的仪式，其实我们真正想要的就是，我的存在是有意义的。尤其是，我的存在对于你是有意义的。

许多人因为失恋或离婚到我这儿来，他们真正纠结的，就是这一点——我对你的意义是什么？一旦得到了确认，他们的心就可以释怀了。

不过，这个确认，对方已经给了，而自己总是不相信，自己总是认为必须是完美的形式，否则其他一切都不是证明。

对于这一点，我的比喻是，好像我们住在一个牢笼中，牢笼的大门非常牢固，我们以为要走出这个牢笼，必须有一个超级英雄来拯救自己。但是，我们最终会发现，这个牢笼的大门其实是轻轻一推就可以打开的。并且，别人并不能将你拉出牢笼，因为你有一大堆办法拒绝别人的帮助。

就像我那位朋友，那场看起来似乎一无是处的婚姻，恰恰也正是打开牢笼的钥匙。

只不过，这个钥匙，需要你自己去发现，去确认。

给到手的幸福盖个戳

陷于痛苦的人，会渴望爱与美好。

然而，当爱与美好来临时，我们会如何呢？

很可能，我们会退却、躲藏，甚至去毁坏这份爱与美好。

就像习惯了黑暗的人，突然见到光明，他会受不了，需要再次闭上眼睛，然后再步入光明。

电影《心灵捕手》中就刻画了这样一种心理。影片中的男主人公威尔，经由心理治疗，黯淡的生命开始闪耀光彩，他不仅与心理医生建立了深度信任的治疗关系，与女友的爱也与日俱增，而他的数学事业更是一片光明。

但突然间，他却与女友发生了剧烈冲突，爱情断了，治疗也停止了，同时他也放弃了自己的事业，又回到了以前灰暗的生活中。

幸好，那灰暗生活中最强的亮色、威尔的损友威胁威尔说："你必须远离这样的生活，你不能让我再在这里见到你，否则，我会杀死你。"损友觉得威尔才华横溢，该大放光彩。也可能，损友自己渴望美好的生活，但他觉得自己没有可能得到，所以希望他的兄弟替他活出来。

同时，威尔的心理医生也懂得这一点，他陪伴威尔突破了这一心理障碍。最后，威尔驾驶着损友们给他造的车，奔向女友所在的城市，奔向那将属于他的幸福人生。

幸福之后撞下车

这种心理，我也大有体会。我发现，女友身上也有类似的一面。她的人生中也是有太多的伤痛，也如威尔一样习惯了黑暗，结果，每当我们的关系变得更亲密时，她就会"制造"出一些意外来。

有时，这意外是和我莫名其妙吵一架；有时，这意外是生病；有时，这意外是一些或大或小的事故。

最明显的一次，是我们出去游玩，那几天感觉很好，但回来的路上，她撞车了。前面是红灯，对方的车稳稳地停在路上，而她似乎是没有觉知似的，以一个恒定的速度撞了上去。

这是为什么呢？我们对此进行过探讨，但最好的解释反而来自她的一个朋友V。

前不久，V跟几个朋友出去游玩，很开心。最后一天晚上，她突然想起，男友两天没和她联系了，于是给他发了一条短信：怎么老不跟我发短信，你是不是不想我了？

男友没有回复这条短信。等待的过程中，她觉得天一点点暗下来，最后变得好像很黑很黑。她越来越觉得，男友根本不爱他。

女友问V，假若放下"应该怎么做"的道理与"不应该怎么做"的顾虑，她希望有一个什么样的结果？

V 一开始语塞。在女友的一再鼓励下，她才不敢相信似的说，她希望男友回答说"我就是很爱很爱你，这是不用怀疑的"。

听 V 这么说，女友说："就是说，要给你们的爱情重重地加盖一个戳？！"

V 大笑："对呀，对呀，就是这个意思。"

在对我复述这件事时，女友说，她与我经历美好后的吵架、生病，以及撞车等或大或小的故事，都是一样的，都是希望在她显示后退一点时，我能给我们所经历的美好重重地盖一个戳，向她保证，让她确信，这一切都是真的。

尤其是关于那次撞车，女友说，那时她有些"得意忘形"，而她在童年时经常被警告"不要得意忘形"，所以她想看看，我是不是例外，会允许她"得意忘形"一下。

这也就是说，那次撞车，她是有些故意，是来考验我的。假若我那时对她大发脾气，她就会觉得，前面的美好不是真的，我并不爱她。相反，假若我没有批评她，甚至还对她说"没事，这没有什么"，那她就会更加相信，刚刚经历的美好是真的。

"哦，老天！"我向她感叹说，"我哪里知道这原来是一个考验。我只是凭借经验发现，每次经历一段幸福后你会出点事。既然知道这一点了，你再出点事，我的心就不会起什么波澜了。并且，我还想，既然总是要出点事，在红灯前小小地撞下车，总比在高速路上出车祸好，所以才没有责怪你。"

最后，我对她说："最好不要老考验我，或者，至少再考验我时，先让我知道一下，我好配合。虽然我自认为学心理学这么多年了，越来越厉害，但你这种心理我还是不懂。"

女友大笑，她说，她对 V 就是这样提建议的："这个心理游戏太微妙了，别人很难知道，你最好让对方知道，你需要他经常对幸福盖个戳。"

让对方知道自己的心理游戏

我们对爱都是缺乏信心的，或者说，我们在爱面前都会感到自卑。于是，当我们有爱与被爱的感受时，会半信半疑，这时就渴望别人给一个确认。

对这一点，我的一个朋友深有体会。她说，她和老公常玩这种游戏，有时会故意问对方："这是真的吗？你真的爱我吗？怎么才能证明呢？哼，你不过是骗我罢了，我要证明、我要证明……"

最后，这种小游戏就以一方狠狠地吻对方一下而结束。有时，是更甜蜜的结束。

当有意地玩这个小游戏时，大家彼此都对其中的微妙心理有觉知，知道自己在干什么，对方在干什么，这样一来就可以玩得很默契。

但是，像女友之前跟我玩的游戏，以及V对男友玩的游戏，对方就会完全蒙在鼓里，不知道到底发生了什么，也就谈不上配合了。

不仅如此，如果这种游戏一直玩下去而对方根本不知道发生了什么，最后对方就会变得不耐烦起来，这个游戏就可能会以悲剧收场。我知道这种不耐烦，而V的男友不回V的短信，也是出于不耐烦。

所谓不耐烦，即我似乎知道她在要什么，但我不确定她究竟要什么，也不清楚怎么才能满足，而且这种游戏一而再，再而三地继续，好像是在一次次地挑战自己似的，最后就会烦。

更要命的是，玩游戏的人自己都不知道自己在玩这个游戏，那时就可能有巨大的杀伤力。

在《心灵捕手》中，威尔玩这个游戏时，方式是和女友史凯兰剧烈吵架，还用拳头狠砸墙壁，并对女友说："我不爱你！"

如此剧烈的冲突，本质上仍然是希望对方盖一个爱的戳。但是，这个游戏玩得太剧烈了，很少有人能撑得住，最后史凯兰痛得弯下腰来。其实，史凯兰和威尔一样，也对爱有深深的自卑和怀疑，她也需要爱的确证。

设想一个 2 岁的孩子，他的妈妈出去了一个月，妈妈回来后，他可能会对妈妈显得很冷淡。这种冷淡，是他在怀疑，妈妈还爱他吗，过去那些爱是真的吗。

这时，妈妈要坚决地去抱孩子，不管孩子怎么躲怎么拒绝。孩子的躲避，是对爱的怀疑，而妈妈的坚决，是对爱的确证。

被妈妈抱住时，孩子可能会试着推妈妈。这时妈妈需要做的，就是继续紧紧拥抱他。

接着，孩子可能会有强烈的情绪出来，他可能会攻击妈妈，踢她，甚至咬她。

这时，妈妈仍要紧紧地抱着他。

最后，孩子可能会彻底失控，号啕大哭，扑在妈妈怀里，与妈妈紧紧抱在一起。

这种哭声，是忧伤，是释怀，是承认，是接受，它意味着孩子从对爱的绝望中走了出来，再一次信任了妈妈的爱。

威尔、V 和我的女友，他们那些带着攻击性的表现，都像是个对爱绝望的孩子，期待一个强大而充满爱意的妈妈坚决地拥抱他们，让他们相信，刚刚正在发生的爱的确是真的，不是昙花一现。

但是，威尔作为一个成年男人，他发出这样的攻击，实在是太猛烈了，史凯兰无法承受。

所以，非常关键的一点是，威尔需要明白，他在做什么。

最美好之后是最绝望？

我的一位来访者 G，他来找我是因为他与太太的关系显得很脆弱。但一次咨询中，他谈起一件事时，我全身觉得暖融融的，非常舒服。

我和他分享了这种感觉，并问他的感受是什么。

他说，那件事发生后，他也一直觉得暖暖的。

我们仔细去谈这种感觉，最后他说，就好像是，经由这件事，他生命中终于第一次相信，一个女人真的会接受他，爱他。

这种相信，真是美好。实际上，我无论是在生活中还是在咨询中，通过谈话体会到这种感觉，都是很罕见的事。

这次咨询结束后，我禁不住想，看来，他的婚姻可以很大地改善了。

但没有想到的是，在下一次咨询中，他向我传递的信息却是，这个婚姻没法持续下去了，他很想结束。

之前，他也会在咨询中表达这一信息，但这一次的表达是最强烈的，我听的时候会感觉到浑身冰凉。

他也说，这一次的决心的确变得更大了一些。

但是，为什么呢？上一次的感觉很美好，而这一次的怎么就变糟糕了呢？这期间发生了什么事情吗？

他讲了几件事情，但他说，这几件事情不算什么，相比以前，这几件事是很轻的，并且，他承认，太太在这一段时间的表现比以前要更令他满意。

这真的很奇怪，既然太太不是原因，那么原因一定在他自己身上，于是我仔细询问他，这一段时间他的心是如何变化的。

结果发现，那种美好的感觉结束后，他的心跌入了更糟糕的状态中。

他说，那种美好的感觉持续了几天，但随着那种美好的感觉逐渐减弱，他开始怀疑这是不是真的。当这种感觉消失后，他有了比以前更严重的怀疑。

他向妻子谈起过自己那美好的感受，太太也说："是啊，我也觉得很好。"太太这种很平常的口吻，令他有些失望。就好像是，他和V一样，也期待着亲密爱人能给这美好的感受重重地盖一个戳，V的男友没有盖戳，而他的妻子只是轻轻地盖了一个戳，这种力道不够令他确信这是真的。

也因为这个戳盖得太轻，当这美好的感受消失后，G怀疑，妻子可能根本就不爱他，她之前的爱都不是真的，都是骗他的。

假若我们觉得，只有对方狠狠地给爱盖了一个戳，爱才是真的，那么这种失望很容易到来。毕竟，我们太多时候都对自己的心不了解，譬如 G 那么美好的感受，如果不是我一再拉他去谈，他也没想过，他感到温暖，是因为他第一次对爱有了信心。

但是，假若我们真的可以尊重自己的感受，那么，每一次美好的感受，它本身就是一个爱的证明。

我们之所以期待别人给爱一个证明，是因为我们将自己视为虚弱的，而将别人视为强大的。或者说，当我们这样做时，我们都将自己当成了孩子，而将对方当成了父母。

假若威尔不能明白他在做什么，也根本不去认识自己的内心，那么谁都无法拯救他。

更何况，每一个人本质上都是一个孩子，每一个人的承受能力都很有限，很少有人能承受这么巧妙的考验。

从根本上而言，是我们自己要去审视自己的内心，要去学着尊重那正在发生的爱与美好。

再次和女友谈起这一话题时，她说，她刚刚想到，她每一次对我发起的考验，都是竖起了一个堤坝，而期待着我用爱的洪水将它冲垮。这意味着，她每一次都是给爱与被爱增加了难度。

这也的确是我的感受，每一次这样的考验，都是对我耐心的一种损耗，好在这样的事情非常明显地日益减少，否则这真的是一个大问题。

所以，关键不是对方用爱的洪水将堤坝冲垮，而是自己看到这个堤坝，并将其拆除。

放下爱情的神话

年轻的时候，他们住在有些破烂的地方，只有公共厕所，很脏，而她有洁癖。于是，她要上厕所时，很多次他会开着一辆破车，送她到几公里外的五星级酒店去上厕所。

这是我听到的最浪漫的爱情故事之一。

伴随着这般浪漫的，是他们对彼此的在乎。他觉得，她是世界上最珍贵的，她比所有女人都美，尽管她样貌其实很普通。她觉得，自己只在意他一人，有他一人就够了。

然而，这样的爱情故事也会结束。

不过，即便结束了，她还是觉得，他在她心中是特殊的，而以她对他的了解，她在他心中也仍是特殊的。

这样的爱情，听上去真像是神话。美中不足的是，它结束了。

它为何会结束？

最高的境界，和最低的境界，常常看上去是一样的。

爱情中最高的境界，是合一，而最低的境界，是貌似合一。

这种爱情，其实仍处于最低的阶段——貌似合一。

真正的合一，是你彻底了解了自己，也彻底了解了对方。你先明白，你和他是两个不同的人，但你们在长时间的相处中驯养了彼此，突然有那样的刹那出现——你们碰到了彼此的心。这样的时刻一再发生，最后你们两人的精神交融在一起，两个人宛如一个人。然而，你们两人的精神独立性依然存在。

貌似合一，是你既不了解自己，也不了解对方，你活在幻觉里，你幻想对方是一个什么样的人，你将这幻想套在对方身上，对方似乎还接受了，于是，你觉得，你们两个人是合一的。

这种合一，其实是只在你的幻想里，你根本没看到对方的真实存在，你也没看到自己的真实存在。

譬如他对她一再说，"你是我的梅兰妮"。梅兰妮是著名小说《乱世佳人》中的人物，温柔贤惠也不乏坚强。但她觉得自己不是，于是一再对他说，"我不是你的梅兰妮"。而他继续坚持说，"你就是我的梅兰妮，我如此爱你，我可以为你做一切"。

"我可以为你做一切"，他的确也是这样做的。这种爱情之所以结束，是因他认为她一度想离开他，于是他崩溃了。既然爱不存在了，"我可以为你做一切"这一点就可以停下来了。

我想许多人的关注点在"我可以为你做一切"上，而我的关注点则是，他一再坚持说"你是我的梅兰妮"，尽管她一再说不是，他还是如此坚持。

这种坚持，就是他将自己头脑中的完美女性的幻象，投射到她身上，然后以"我可以为你做一切"的方式去爱她，但是，她到底是一个什么样的女人，他并不真正了解。

甚至，他惧怕了解，因为一旦了解了，就发现她真的不是梅兰妮，于是幻象破灭，虚幻的合一感也毁灭了。

用精神分析的专业术语来说，这种心理可称之为"失区别"，即我看不到你和我之间有什么区别，也看不到你和我的想象有什么区别。"失区别"是一种心理防御，防御的是曾经体验过的严重的分离焦虑，即被妈妈抛弃的可怕经验。

用诗意一些的语言来说，如此这般的浪漫爱情，是在寻找一种证明：我在你心中是独一无二的，如此一来，就证明了我在这个世界上是独一无二的。

一般意义的浪漫爱情的迷人之处，或许就在这种感觉里——你对我的爱，可以证明我的存在是有价值的。

在小说《生命中不能承受之轻》中，女主人公特丽莎惧怕妈妈给她的训诫：别把你的存在那么当回事儿，尽管你是大美女，但你和别人没什么两样，所有的肉身都是一样的，而且是可憎的。

所以，特丽莎希望从男主人公托马斯那里得到"你是独特的"这种感觉。得到了这种感觉，她就可以从"所有的肉身都是一样可憎的"这种噩梦中脱离出来。但她很快发现，在托马斯面前，她并不特殊，因为托马斯还和两百多个女人上过床，并且，他摸她们的方式，和摸她的方式，没有任何不同。

特丽莎对托马斯的爱情感觉幻灭了，但她还是要执拗地得到这种感觉。于是，尽管已去了自由国家，她还是独自一人回到了被占领的捷克斯洛伐克。她想看看，托马斯是否会回来找她。托马斯在祖国已是异己分子，如果他还能冒着危险回来找她，那就证明，托马斯是珍视她的。

托马斯果真回来了，可托马斯还会继续和各种各样的女人上床。他不仅仅痴迷于和不同的女人上床，关键是他还觉得，其实每个女人都差不多，只是在性爱中有一种独特的地方。尽管一个女人万分之九千九百九十九和别的女人没什么两样，但只要能品味到那万分之一的独特性，他觉得就值了。

特丽莎在托马斯身上寻找"我是独特的"这一感觉的证明，而托马斯则在两百多个女人身上寻找"她是独特的"这一感觉的证明。

何其荒诞！

托马斯发现，除了那秘密的万分之一处，这个女人和那个女人并无不同，而特丽莎也恐惧地发现，其实她只是渴求男人的怀抱而已，对她来说，托马斯并非是独一无二的，别的男人也可以。这样转了一圈之后，特丽莎悲哀地发现，她还是回到了妈妈给她的那种感觉中——你和别人没什么两样。

作为心理医生，有时，我也会使用"你并不特殊"这一招，来治疗那种沉溺在一个已死掉的爱情中的病人，好让他明白，别继续在烂泥潭里待着了，上岸，请上岸。

譬如有一位女性来访者，她做了一个有妇之夫的情人，他对她说，他的妻子像是一个僵死的人，毫无情趣可言，他完全没法和她做爱，而见到她的第一眼，就点燃了他的爱情火焰。

她喜欢这个说法，并对此深信不疑，觉得她对他是特殊的。

但后来，她看到了他和妻子恋爱时拍的照片，她震惊地发现，他的妻子在恋爱时的衣着风格是如此大胆。甚至，她还发现，她现在的衣着风格，和他妻子在恋爱时的衣着风格很像。

她接受不了这一信息，而我讲了一个故事，继续打击她。

故事来自美国著名心理学家欧文·亚隆的小说《当尼采哭泣》，当然那是一个虚构的故事。故事讲的是弗洛伊德的老师布雷尔，在美女莎乐美的推动下，答应了给尼采做心理治疗，而且绝对不能让尼采知道，他是在被治疗。

布雷尔最后想到的办法是，让尼采给自己做治疗。既然尼采自诩人类导师，应该可以治好他这个病人吧。布雷尔想以此来达到最终治疗尼采的目的。

结局很完美，布雷尔治疗了尼采，尼采也治疗了布雷尔。尼采的心理问题中，有一部分是和莎乐美有关——他痴恋着莎乐美。布雷尔也有类似的问题，他对自己的女病人贝莎有情欲的冲动，而贝莎也迷恋他，但他们不能在一起，因为这违反了他的职业道德。

化解两个男人痴恋的是，布雷尔最后向尼采坦白是莎乐美推动他治疗尼采的，并讲了莎乐美是如何使用她的魅力，诱惑自己，让自己打破了原则，而接受了她的建议。

尼采由此明白，莎乐美诱惑布雷尔的方式，和莎乐美诱惑他自己的方式，别无二致。他说："她（莎乐美）完全清楚她的美丽，她利用它来宰制，把男人榨干，然后向下一个男人继续迈进。"

通过尼采，布雷尔也知道了贝莎在精神病院无意识地诱惑其他男医生的方式和对他的方式也是一样的。同时，作为心理医生，布雷尔还明白，他为什么迷恋贝莎。布雷尔说："多年来一直束缚我的马嚼子，我以为是玛蒂尔德（布雷尔的妻子）放进我嘴里的。我感到被她监禁，我渴望自由，渴望体验其余的女人和去拥有另一个全然不同的生活。"

他也明白，他一直未看到贝莎的真正存在。他说："我与贝莎没有关联，我只是将一些私人意义，替代地联结、附着到她身上——这些意义，跟她完全没有丝毫关联。你让我明白，我从来没有以她真正的面貌看她，我与贝莎都没有真正地看到对方。"

他说："这些年来，我一直与错误的敌人在战斗。真正的敌人一直不是玛蒂尔德，而是宿命。真正的敌人是衰老、死亡及我本身对自由的恐惧。"

衰老、死亡、自由与孤独，是亚隆所说的每个人都必然遇到的四大生命主题，这些主题我们必须去直面，而且首先是独自去面对。太多时候，我们惧怕面对这四大主题，而转过头去将注意力放到一个异性身上，渴望爱情能拯救自己，能让自己免于这四大主题所带来的痛苦。

我不赞同人的存在意义是衰老、死亡、孤独与自由这四大主题所决定的，但我赞同亚隆借布雷尔的口说出的道理：很多时候我们试图借情爱找到生命的意义，而逃避了生命本来的意义。

爱情不能独自赋予生命的意义，我们不能将爱情视为生命的唯一凭借，如果你太期待爱情的神话，你真要问问自己，你是否想借着爱情从你本来的生命中逃走。一如布雷尔醒悟之后所说的话：真正的敌人是"时间那吞噬人的巨浪"。但是为了某种理由，我现在不会在这些巨浪之前感到如此无助。今天，或许是有生以来的第一次，我感觉我好像决心要我的生活。我接受了我选择的生活。

将你的心打开

曾连续四天三夜，和一个学佛的朋友辩论一个问题：可不可以直接从魔修成佛。

这位朋友说，关键是两点：慈悲和智慧。他说，很多人以为，很多佛学书上也说，这两者缺一不可，并且慈悲与智慧也是不可分的，但他发现最古老的佛学书中，并没有将慈悲列为成佛的必要条件。

他一生中经历过很多一般人难以想象的痛苦，这让他的心坚硬如磐石，同时也历练出罕见的智慧，对人性，尤其是对人性中恶的部分更是洞若观火。辩论时还有一女性朋友在，他花了整整两个小时细数她身上的恶，极其流畅，极其精彩。

我对佛学一知半解，不能和他辩论佛学，但我有我的辩论招数。这个招数，国内知名的心理学家曾奇峰称之为"抄后路"，意思是，当和一个人争论时，你要能从观点之争中跳出来，问他为什么这么想，或者直接对他的想法进行分析。

所以，我多次问他一个问题："过去那些坎坷中，你受伤了，你为何会受伤？"

"因为我渴望爱。"他说，"但我现在知道爱并不是必需的，很多所谓的爱就是骗人和自我欺骗，尤其是爱情，我再也不渴求从谁那里得到爱，也不想给，我只要智慧。"

我回广州时，他送我去机场，在路上，我再次用"抄后路"的方法对他说："你只是很怕将心打开而已。"

我们谁也没说服谁，其实，我们也完全没抱着说服对方的目的，我们的辩论只是为了交流彼此的想法而已。

害怕将心打开，从心理咨询与治疗的经验看，这实在是太常见的事情了。一个人若在童年经历了太多痛苦，他就会发现，渴望爱与被爱，势必伴随着受伤乃至绝望。先有渴望再绝望的感觉太可怕了，所以很多人就会选择干脆将心关上，再也不期待任何人的爱，以这种方式保护自己，让自己免于先渴望再绝望的痛苦。

简而言之，这种心理可以概括为"回避亲密"。

回避亲密是因为惧怕爱

对于人际关系特别糟糕的来访者，在咨询的一开始就要对其进行简单的解释，以让他了解"回避亲密"的行为是如何伤害他的人际关系的。

譬如，那些容易构建三角关系甚至多角关系的人，他们未必享受复杂的性关系，他们只是给自己多一个或几个备选方案而已。如此一来，自己万一在这个人身上受伤，就可以立即逃到另一个异性身上。

特别重要的是，他们往往会在关系最亲密的时候去构建三角关系，因为关系中的亲密一方面极大满足了他们对爱的渴求，但同时又唤起了他们的恐惧——"这不是真的，说不定明天这份爱就会失去。"于是，为了逃避想象中的失去爱的可怕，他们立即转到另一个人的怀抱中。

在最亲密的时候背叛对方，可以想象，这种行为多么容易伤害另一个人。

回避亲密的心理很常见，而回避亲密的表现方式则是千变万化的。

我的一位女性来访者 Mandy，她有各种各样的心理症状，譬如强迫症——她会强迫自己记下看到的每一个车牌号码，再如幽室恐惧症——她不能坐电梯，她还有广场恐惧症——怕去人多的地方……

和她谈话，我总有无法深入的感觉。她很急迫地想改变自己，也觉得每次找我一小时要花数百元是个负担。同时，她还说，她很信任我，对我甚至有依赖，就像她对她丈夫的那种依赖。这些因素加在一起，她认为，我们的咨询应该有很快的进展才对。

然而，谈到二十来次时，我觉得我还是没有了解她，我也并不觉得与她很亲近，相反总是觉得有一堵若隐若现的墙挡在我们之间，让我无法触碰到她的心。

一次咨询中，我们连续谈了几件比较重要的事。我想将它们串起来，看看这几件事情中有什么微妙的联系。

刚谈了一小会儿，她却讲起了另一件琐事，没什么意义的琐事，而且讲得极其详细。

跑题了。我想。

跑题，是咨询中常见的事，而之所以会跑题，常见的一个原因是，当前进行的话题让来访者觉得有些害怕，他们不想碰。

这个时候，务必需要将来访者拉回到本来的话题上。因为，心理问题乃至心理疾病产生的原因就是，一个痛苦让我们难受，我们就用一些方法将这个痛苦包裹起来，好让自己意识上看不到这个痛苦的存在。然而，这个痛苦并未消失，它只是转入到潜意识中而已，并会以我们理解不了的方式控制我们的行为。并且，如果将痛苦包裹得太严实，一个人的情感和感受就会处于被截流状态，会引来各种各样的身心问题。

所以，一个合格的心理医生，必须捕捉到来访者对痛苦的逃避，并将来访者再拉回到痛点上。

意识到 Mandy 跑题后,我立即打断她的絮叨,对她说:"我们本来是想对你刚才谈的几件重要的事做一个抽象的概括,好进行更深的了解,你却突然谈起一件无关的小事,而且谈得如此细致,我觉得像是对刚才那个话题的逃避。"

我继续说:"我感觉这是我们谈话很难深入的一个关键原因,你经常用谈一件琐事的方式转移我们的话题,让我们的话题永远浮在表面上,不能深入。"

她先做了些辩解,说她觉得那件小事还是蛮有意义的,值得谈下去,但谈着谈着,我们回到了刚才的话题上。

这时,我感觉,我和她的注意力都变得集中起来,整个房间也变得宁静了。

就在这种状态下,她说,前不久过春节的时候,她觉得孤独。

她这样说的时候,我感觉我的心弦被拨动,这是因为我感觉到了她的心弦在振动,这是我们谈了二十余次以来,我第一次有这样的感觉。

"请谈谈这份孤独吧。"我说。

她说:"那时我想,自己又老了一岁,过去的时光看不到有什么意义,未来的人生也不知道有什么希望。"要是这些心理症状一直持续下去,而她的人生总是这样空虚,那该多糟糕。

"听上去,你很哀伤,为岁月。"我说。

她说:"是啊,哀伤,而且那是没有人可以倾诉可以理解的哀伤,所以感觉到孤独。"

"为什么不说给你的丈夫听,让他知道你的哀伤?"我问。

"我从来没有指望过他能理解我。"她突然有点大声地说完这句话,眼泪一下子失控地流了下来。

此前,她有过几次流泪,但那好像是她早准备好的流泪,她习惯流泪,并总是会在流泪中抱怨一下其他相关人等。这样的流泪,多数也是防御。灵性治疗师奥南朵将这一点称为"老旧的 DVD 的重复播放",即我们不断听一些老歌,而不能活在当下。

这一次的流泪不同,它是出乎预料的突然流出,并且流出时尽管很悲伤,但并没有怪任何人。这样不怪任何人的单纯的泪水,是特别好的疗伤药。

所以,我只是静静地陪着她流泪。

将心打开,爱才能流进来

这一次咨询后,她的状态发生了转变。以前,她对偶尔来住一段时间的公公婆婆总有些抵触,尽管会尽一个儿媳的孝道,但当他们走时,她总是觉得松了一口气,"他们可走了"。

但这次咨询后不久,她的公公婆婆再一次离开儿子家回老家,她主动想去送他们。"以前也会送,但那是出于礼貌,知道不这么做不好。"她说,"这一次不同,这一次是有些舍不得,他们的离开,让我感觉到有点伤感。"

她还说,这是她多年来唯一一次感觉到舍不得。

她还感觉到,自己的心踏实了一些。以前,丈夫晚上应酬,回家晚的话,她会非常焦虑,忍不住要打电话催他快点回家。但现在,再遇到同样局面,她的焦虑明显减轻。

对女儿,她的关爱也明显多了,她感觉到自己的心好像是平静了一些。

这个变化是怎么发生的?

答案很简单——她的心打开了。

她的童年曾遭遇很多痛苦,并且,父母常年在外,她的那些痛苦也没机会向父母说。

由此可以看到,她成年后的那种感觉——"我从来没有指望丈夫会理解我",

其原型其实是——"我从来没有指望父母或别的大人能理解我"。

她独自一个人承受这些痛苦,她觉得,她只能这样做,没有别的选择。但小小的她又不能独自消化这些痛苦,所以她能做的,就是用一些方式回避这些痛苦的感受,譬如纠缠于所有事情的表面。

她不让自己沉到深沉的感情中,结果就是,她和丈夫乃至其他任何人都不能建立深厚的情感。

当心中没有深厚的情感时,一个人就会时时刻刻处于担心失去另一个人的焦虑中,结果表现为她对丈夫很依赖。

在这一次咨询中,她想逃跑,但被我拉回来感受那份孤独与哀伤,后来的眼泪意味着,她终于将心打开了一个缝隙。

将心打开后,别人的爱才能流进来,自己对别人的爱才能流出去,深厚一些的感情才能建立。这样的感情一建立,自己的内心就有了支撑,会安定很多。

感知到是自己在回避亲密,是极为关键的一点。否则,我们总是容易指责对方不爱自己,其实真相几乎势必是:你的心没有打开,你不敢接受爱。

更准确的说法是,尽管你曾经一直在渴望爱,但你早已将心门关上了,别人的爱流不进来。

最糟糕的情形是,你完全意识不到自己对爱的渴求了,你只是麻木地活着。

我那位学佛的朋友就很糟糕,他将拒绝爱与被爱哲学化了,认为人活着根本没必要爱,只需要智慧就可以了。

不过,与我这位女性来访者一样,后来他的心也打开了一些,他说,曾有人对他预言,再过十年,他的心会充满慈悲。对此,他意识上相信,但又总觉得不可能。

我觉得他会走到那一步,我相信我们任何人都可以将自己的心打开。